# 絕代詞人李清照的亂世情懷與流年悲歌

林希美 著

樂律

詩詞描畫世間離合，
一代才女如何[illegible]為生命意義



莫道不銷魂，亂世詞人李清照的獨白
——詩意、漂泊、愛戀、情懷

從婉約詞風到豪情壯志，細說李清照生命中的詩與遠方

# 目錄

## 第二章　滄桑詞韻：浮生若夢訴離殤



## 第三章　風雨共度：命運的輾轉與孤影

## 第八章　春蠶絲盡：餘生淺吟舊時光



## 後記

## 參考書目

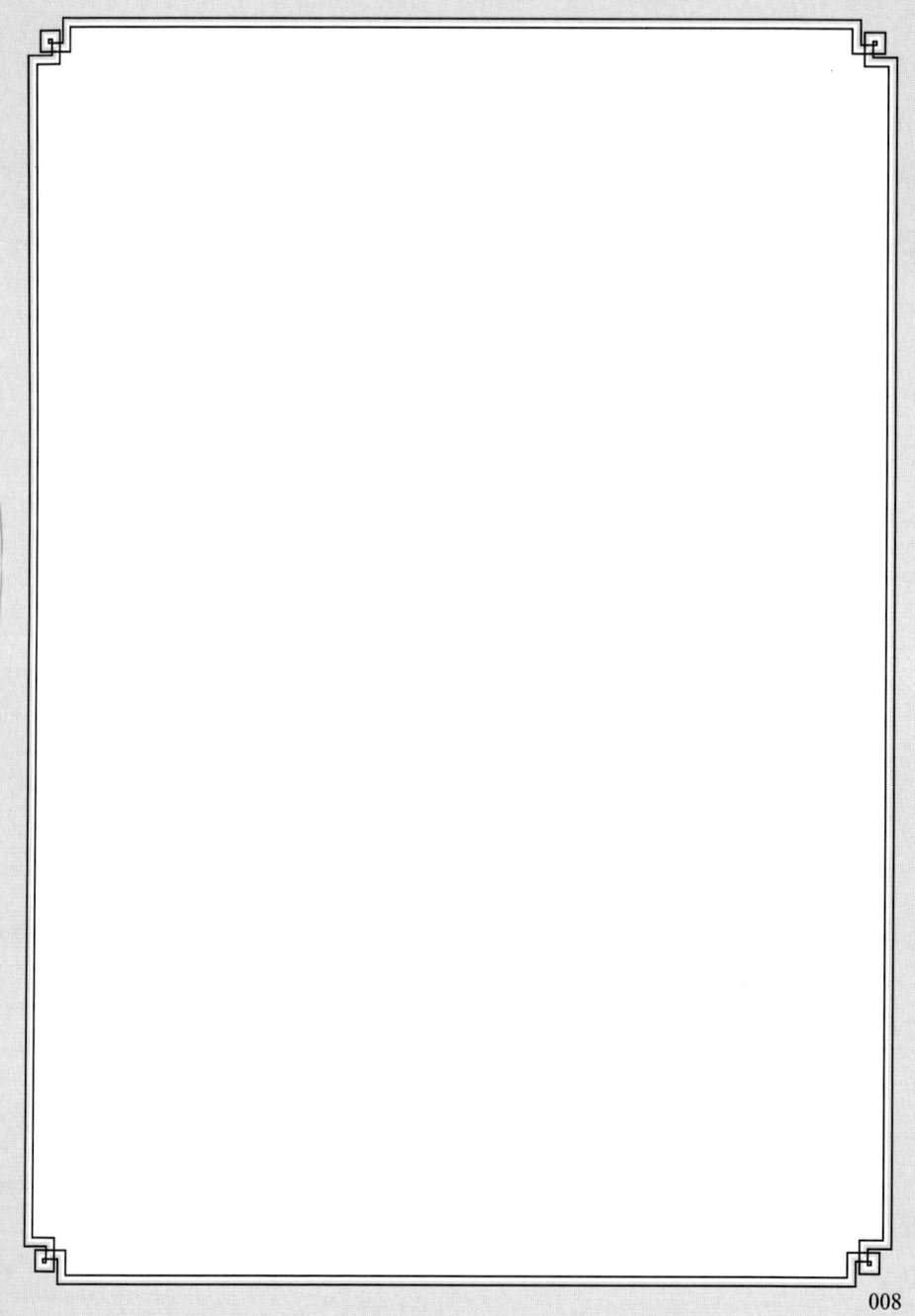

# 前言　人比黃花瘦，情比時光長

流年陳舊，世景浩蕩，唯文字，善解人意。讀一段文字，翻一本書，飲一杯茶，什麼都安靜了。

也有人，不甘於寂寞，偏要聽一段箏曲，於是，一首〈月滿西樓〉緩緩入耳。那淙淙箏曲，在訴說著什麼呢？仔細聆聽，像是在說一段關於相思的故事。

不甘心，還是不甘心。所以，輕解羅裳，獨上蘭舟，定要將她尋來，好好聽她說一說這段千年往事。

她出身名門世家，自幼飽讀詩書，五六歲時便隨父母遷居汴梁。她多才多藝，愛遊山玩水，彈琴下棋，她有時還划著小舟，誤入藕花深處，於是說：「爭渡，爭渡，驚起一灘鷗鷺。」

驀然間，她長大了，嫁了一位如意郎君。他們賭書潑茶，趣味相投，典當衣物收集古董書畫，在塵世裡過著曼妙的幸福時光。

她素手執筆，寫花草煙雨，寫春夏秋冬，後來她因黨爭被迫回到故鄉，才哀怨地寫下一段段「莫道不銷魂，簾捲西風，人比黃花瘦」等相思之語。

那時，她只願他能「雲中誰寄錦書來」，等來等去，只有「才下眉頭，卻上心頭」。

她所處的年代，恰逢宋朝江山更替，人世動盪難安。當山河不可逆轉，她的命運也注定漂泊無根。在此期間，她的夫君趙明誠歿於赴任途中，留下她一人在亂世中遊蕩。如同浮萍，不知道該漂向何處。

她只能繼續，南渡，南渡。在那樣的歲月裡，她每回都要眺望北方，渴望回到故里。她說：「小風疏雨蕭蕭地，又催下、千行淚。吹簫人去玉樓空，腸斷與誰同倚？一枝折得，人間天上，沒個人堪寄。」

她尋尋覓覓，冷冷清清，悽悽慘慘戚戚，在荒涼人世，無枝可依。為了紀念夫君，她繼續趙明誠生前未完成的《金石錄》整理工作。好像只有投身於碑畫世界，才能忘記身處亂世。

終於，她等來朝廷派官員前往金國探望宋徽宗和宋欽宗的機會。他們不畏艱險，不懼生死，令她十分感動。她大筆一揮，寫下一首數百言的詩句，最後她說：「子孫南渡今幾年，飄零遂與流人伍。欲將血淚寄山河，去灑東山一抔土。」

為了家國天下，如若可以，她願將熱血灑於這片土地。

世人都以為她是婉約女子。事實上，她是寫了太多婉約詞，而那些豪言壯語卻被人忽視了。

晚年，她思念趙明誠，思念故鄉。對夫君的情，對國家的情，她至死都不會忘。

後來，她變得沉默不語，不再哀愁。她的酒裡、茶裡，盡是平靜。當山河不可逆轉，歲月不可回流，她悲嘆能如何，淚雨溼衣襟又能如何？

老了，就看淡了。她不笑，亦不哭，只願這笑著的世人，能清醒些；那痛苦的人，又能灑脫些。

終於，她老在了文字世界裡。在人比黃花瘦，一種相思，兩處閒愁裡，她變得遙遠，聲音也漸漸模糊。

慢慢地，聽不到她在訴說了。她的故事太長，整整七十多年，這一言兩語又如何說得清，講得完？但是，在她心裡，那過去的事越來越清晰，想忘記都不能。

既然尋到了她，就要聽她將這七十多年的故事慢慢講完，就著剛煮好的茶，剛燙好的酒，管它白天黑夜，只想靜心聆聽。

她說，我是李清照，他們都叫我「一代詞女」。

她說，我只是一個老婦，要不教你辭章之學吧。

可是，我更想聽故事啊！

她只答：這人生，怎一個愁字了得？

# 第一章

## 才女芳華：書香世家的詩心起筆

宋朝，遙遠的年歲，遠到足以令仙人蒼老。在今天瞬息萬變的時代，有人願意打開宋朝這個時代，除了想要了解宋代文化、歷史，還想認識一位生於宋朝的女子。她是李清照，自幼過目能誦，飽讀詩書，才學過人……，從她母親，她濡染了仁愛、清簡和自由。她愛飲酒，飲酒後便要作詞，其才學令士大夫震驚。

她來了，零落人間，帶著嫣然的巧笑，帶著驚世才學，帶著執著與倔強。她要訴說一段童年歲月，一段悽美的愛情故事，一段王朝更替，一段思鄉成疾的悲情……

## 落入書香世家：詩意人生的起點

宋朝，一個遠到需要時光機才能回去的時代；同時，又是一個近到就在手邊的時代。開啟一本關於宋朝的書，這個時代也便躍入眼前。書中，不僅有才子佳人的悲歡離合，亦有朝代變遷的興衰存亡，當然，還少不了文人騷客鍾愛的宋詞……

人世迢迢，浮煙瀰漫，唯有宋詞如一股清涼晚風，讓人在婉約中嘆息追味。喜歡宋詞，喜歡它悲涼中的嫻靜，喜歡它落花的無言，還喜歡它悠悠長嘆的氣息。宋詞，常被人提起，常被人在竹屋茅舍誦唸，那些風月纏綿的往事，詩酒流連的情懷，點點滴滴，彷彿早已不是昨日的故事。

有些人，一出生便老了；有些人，一出生就帶著不一樣的使命。如她，李清照，被後人稱為婉約詞宗的女子。她的詩詞，留存於世的並不多，但卻是被人誦唸最多的。而她的故事，也早已刻在了歲月流年之上，被人不斷說起。

她的一生，在那個動盪年代，悲傷著，靜默著，嘆息著。縱然她有驚才絕學，也無法改變歷史的命運。鶯飛草長的口子裡，唯有將這落寞的心情，一次又一次地化作詩詞，才對得起這半夢半醒的人生。

宋神宗元豐七年（西元一〇八四年），四十餘歲的李格非，有得長女之喜，這便是李清照。她出生在中國山東濟南章丘明水鎮，在這裡度過了她的童年。章丘，歷史悠久，是北方少見的稻香魚肥小鎮。這裡，河網密布、泉水淙淙，更有著名的百脈泉。百脈泉與後來被乾隆譽為「天下第一泉」的趵突泉齊名。趵突泉有三個泉眼，泉水終年噴湧，水湧若輪。而百脈泉則是泉湧如注，灼若明珠。這裡氣候宜人，有「清境不知三伏熱」的美譽。

市井中的人，來來往往，都沉浸在醉意朦朧的日子裡，沒人在乎李府中正在啼哭的女嬰，將來會有一番怎樣的作為；也沒人在乎，她是否驚豔了時光，會成為當時男子心目中的女神；更沒人在乎，她筆下的風華，會歷經千年不衰……

李清照出生的北宋，已經歷繁華，正走向枯萎與荒蕪。出生在這樣的年代，她的人生注定充滿荊棘與坎坷，即使是天才少女，依然逃不過命運。那些虛偽與軟弱、野心與陰謀、猙獰與凌亂，讓她變得多愁善感，在亂世中記錄著命運的酸甜苦辣。

李清照出生書香世家，父親名格非，字文叔，是宋神宗熙寧年間進士，也是當時著名的文人。他幼年便俊邁出眾，不尚虛名。他注重經世致用之學，對詩詞歌賦也有著極深的造詣。他曾著有數十萬言的《禮記說》，還潛心研究史學，寫出了《史傳辨志》。

約在宋哲宗元祐六年（西元一〇九一年）時，李格非入職做館職，他的文章得到了蘇軾的賞識，成為東坡的學生。人們把他與廖正一、李禧、董榮並稱為「蘇門後四學士」。

當時，政局派系鬥爭很是微妙，高太后去世後，哲宗親政，新派人物章惇、呂惠卿官職復位，他們曾嘗試任命李格非做類似於編修「檢討官」的工作，但他光明磊落，清正剛直，拒絕就任，因而觸犯了當局，被外放為廣信軍通判。

北宋後期，政治鬥爭更加瘋狂，蘇軾舊黨已故者一再追貶，而生者不僅一貶再貶，重者罪及子弟親屬。礙於蘇軾的關係，李格非後來一直無法掙脫黨爭的漩渦，李清照的生活也因此受到了影響。以至於後來，她與趙明誠的愛情，也飽受風雨摧殘。

李清照出生沒多久，生母便過世了。關於清照的生母也是說法不一。其一，在《宋史·李格非傳》中：「妻王氏，拱辰孫女，亦善文。」其二，在宋朝莊綽所著《雞肋編》中稱，李格非是漢國公王準孫婿九人之一。還有一種說法是，在〈王珪神道碑〉中云：「（王珪）女，長適鄆州教授李格非，早卒。」王珪是王準之子，格非亦是王準的孫婿，因此，李清照很可能是王珪的外孫女。

後來，李格非續絃王拱辰的孫女，王氏成為李清照的繼母。王氏是知書達理的女性，文學修養極高。她待人寬厚，視李清照為己出，並用自己的乳汁餵養她，擔當起了照顧李清照的所有責任。

在李清照三四歲時，她的智力已超過了八九歲的堂兄李迥。那時，李格非去汴京任職，與李清照一直書信往來，對她因材施教，不忘對她的教誨。大約在李清照五歲時，她已確定了自己的人生方向。

那年七夕，家族中兩位伯母為家裡的女孩們安排了七夕的「乞巧」儀式。伯母在祭祖用的八仙桌上擺滿時令瓜果，以及各種鮮豔的花朵。她們給女孩們每人一枚七孔銀針和綵線，讓她們閉目乞巧……

李清照乞巧完，嘴角微微上揚。伯母見她笑而不語，便問她：「你想讓織女教你什麼樣的女紅？」

清照搖了搖頭：「我想像哥哥那樣讀書寫字……」

乞巧完畢，伯母們把女孩的心願告訴自己的丈夫，更告訴了遠在汴京的李格非。格非得知清照的心願後，喜不自勝，又為女兒開列了許多書目。那時，清照早已一目十行、過目不忘了。她才華出眾，文字在幼年已成為她人生中的一部分，注定要走入文字的風景裡。

還好，清照生於書香世家，讀書習字本是家常事。倘若生於寒門，怕是要專注女工了吧。她天生似荷，小小的人兒，已露出尖尖角，而那些三從四德，陳腐的規矩都算了吧。從此之後，她只愛出入書房，只要有書在手，就能樂此不疲。

世間事，都記在這一卷卷書裡，是真是假，歷史的長河早就洗出另一番模樣。李清照不是不懂，只是，身為女子又能做得了什麼？

沒有寂寞，哪來的感傷；沒有憂愁，又如何成長。不管外面多少風雲變幻，於她，不過是一朝一夕讀書的日子。

## 少女懷詩：才情初綻的年華

人世安定，童年無憂，年華雖漸去漸遠，但人都渴望長大。於成人而言，年華的流逝，是一聲聲嘆息；於孩童來講，年華的流逝才能越來越窈窕可愛。十多歲的李清照，還不太管世間的淒涼與喧囂，一心在舊式老宅中累積知識的能量，將心事逐一累積，等待時間成熟，好化作筆下的詩句。

不知從什麼時候開始，那個牙牙學語的孩童不見了，十幾歲的李清照，早已成為娉婷女子。李清照十多歲時，偶得外祖父被貶、舅父們被革職，而自己的父親也被外放廣信軍的消息，為此煩悶不已。不過，在祖父和伯父的開導下，她很快為父親撻伐無道而感到自豪。受家族政治上不順心的影響，李清照開始關心世事，對所讀史書上的內容進行思考，正式開啟了她的詩意人生。

十四歲之前，李清照無拘無束，即使長輩發現她的舉動似男孩，亦不會多加干涉。可在她過完十四歲生日以後，便再也不能隨心所欲了。

二位伯母準備在清明節時，為她「上頭」。這是一種代代相傳的古訓，需要女子用簪束髮。「上頭」日要選在氣候溫和的時候，以便「湔裙出樂遊」。「上頭」後的女子，再也不能輕易出遊，舉止也多受約束，於是，她請求延至秋日再行「上頭」禮。

得到伯母的允許，李清照格外珍惜「最後」的閒散時光，她整日出門遊玩，還做了鞦韆給自己，做盡自己想做的一切。也正是在那個時候，她流覽了不少齊魯壯麗河山，為她最初的創作提供了素材。

那日，她沉醉於一個叫溪亭的景色中，因為她玩得盡興，不知不覺從午後的光景玩到了落日黃昏。窈窕少女，目不轉睛地望著夕陽下墜，小河的荷葉被微風吹動著，這樣的場景讓她一點也不想回家。

她划著小舟，在荷中穿梭，讓自己融入這個叫溪亭的畫裡。划著划著，就來到了荷花深處，那荷越來越密，荷柄越來越高，荷花越開越大朵。許是她觀景前偷喝了酒，又有點不勝酒力，很快便醉眼迷離了。

晚風吹來陣陣荷香，她閉上眼，不醉也醉了。遊走在密集的荷叢裡，她的小舟總是不聽使喚，她划舟前行，誰知小舟卻意外地轉了方向，驀然間，嚇到了旁邊的鷗鷺，驚得攪亂了滿湖波光。

那日的場景，李清照始終無法忘卻，她將這景化作筆下的詞，於是就有了〈如夢令〉：

常記溪亭日暮，沉醉不知歸路。
興盡晚回舟，誤入藕花深處。
爭渡，爭渡，驚起一灘鷗鷺。

多年後，李清照身在京城，想起年少時的這段時光，便飄然下筆，寫出了這番靈動的場景。李清照喜酒，小酌了幾杯又詩意大發的女子，即使在今天，亦不多見。然而，李清照是灑脫的，她不在乎這些封建禮數，甚至藉詞告訴世人，她那段青春歲月，是醉過的。後來，李格非看到了這首小詞，不僅沒有責怪女兒飲了酒，反而被她的才華折服，驚嘆不已。

他拿著小詞，呈給當時的辭章名家閱覽，他們都認為，這詞出自蘇軾之手，抑或是仙人呂洞賓之手，沒人認為，這是一位少女的佳作。

後來，李清照自許創作經歷時，提到過一首叫〈分得知字韻〉的小詩：

學詩三十年，緘口不求知。

誰遣好奇士，相逢說項斯。

此詩大約作於宋高宗建炎二年（西元一一二八年）春，她自稱「學詩」，實際上指她「作詩」。在作詩方面，她的父親李格非的文章幾乎無人與之匹敵，不過，作詞方面，卻弱於秦觀和晁補之。李清照大有不服之氣，她年方及笄，作出的詩已被士大夫讚嘆不已。

都說少女懷春，那宋朝裡有一位女子卻總是懷詩，她滿腹詩才，出口成章，一不小心，就成了千古。

自古女子無才便是德，可到底有才，才令人驚豔。就像李清照，若無詩才，誰又記得宋朝有一位別樣女子。

盛世錦年，豐衣足食，正是讀書好時節。或小酌一杯酒，或配一杯茶，抑或清供插花，唯有此，才不辜負人間好時光。人的一生，都是在孤獨中度過的，不求有知己，但求在遙遠的宋朝，有一位能抒發自己心情的詞人，懂得自己，這也便夠了。

## 遠赴京城：心懷夢想的征途

日子不徐不疾，光陰一閃而過，縱是狂風驟雨，轉眼也能風平浪靜。那一點愁，一點悲，有了酒，什麼都淡了，散了。

詩人大多愛喝酒，婉約派詞人李清照也是無酒不歡。十幾歲的李清照，絢爛年華，清麗明朗，因著酒，多了幾分灑脫，幾許閒愁。賞玩遊樂，當以酒助興；孤單落寞，更要借酒澆愁。花落時，小酌幾杯感嘆興衰；秋風四起，落木蕭蕭，那杯中之物必能驅趕寂寥。親人在外，相思成疾，更是離不開飲酒。

好酒之人，必遭人詬病，李清照卻不以為然，樂此不疲。她不在乎世人眼光，更不拘泥於傳統禮數，一切只為點到為止，開心就好。她天生是位大才女，繼母和父親對她的行為並不干涉，讓她更是多了份自在灑脫。

如今，那貪酒作詩的女子如何了？父親李格非一想到自己的妻兒，便覺得隻身一人在京城十分寂寞寥落。他寫信給家人，讓王氏帶著李清照和兒子李迒趕赴京城。

李清照自小愛玩，更喜歡遊覽名勝古蹟，見到父親的信喜不自勝，心早就飛到了千里之外。那不是別處，是繁華如夢的京城，是有無數書卷、文人雅士的地方。只有在那裡，她才能增長見識，拓寬眼界，施展才華，這是何等的機會。

他們尋了個平常日子，告別故鄉，懷著對汴京的滿心期待上路了。這一路的風景，沖淡了他們對故土的眷戀與不捨，陶醉在廣闊山河、繁華市井中。他們沿著與黃河曲線基本平行的路線，經歷城、長清、平陽、梁山、鄆城、菏澤、蘭芳，最後來到開封。

開封，歷史悠久，簡稱汴，古稱東京、汴京，為八朝古都。春秋時期，鄭莊公命鄭邴在此地築城屯糧，取啟拓封疆之意，命名啟封。夏朝自帝杼至帝廑在開封一帶建都217年，史稱老丘，這是開封自有明確歷史以來第一次建都。在這裡，曾留下了孟子遊梁、竊符救趙，以及孫臏、龐涓等人的故事。到北周時，又改名為汴州。五代時，後梁、後晉、後漢、後周都設開封為都。歷史上，開封有「琪樹明霞五鳳樓，夷門自古帝王州」、「汴京富麗天下無」的美譽，北宋的開封，更是當時最大的都城。

開封分為外城和內城，外城方十三里，內城七里，周圍共有十二座城門，入城處設定了兩層或三層圍圈，用以圍困敵軍。裡城是大內，即紫禁城，內中建築莊重肅穆，金碧輝煌，僅聽聞便讓人嚮往不已。李清照來到汴京，見識到了都城的香車寶馬、滿目繁華，對汴京的名勝古蹟充滿了嚮往。她一再央求父親，抽空帶她四處轉轉。

李家住在朱雀門外離太學不算太遠的小巷子裡，是父親多年修繕的院落，很是幽靜雅緻。這是一座典型的北方院落，坐北朝南，北面三門正房，中間是客廳，東邊李格非居住，西邊住著李清照。李格非在院子裡種了松樹、桃樹、梨樹，又將報春、牡丹、海棠、菊花、鳳仙等花草雜植其中。為了迎接兩個孩子，李格非還為李清照和李迒打了鞦韆架，可見他對子女的寵愛。

歷史古蹟、文人騷客，在這寒冬裡為李清照帶來了不少歡樂。她喜歡這裡，一切都充滿了新鮮新奇，她在這裡只想拈花成詩，讀書喝茶，遊遍汴京，除此之外，並無它求。此時的李清照，還不懂繁華背後暗流湧動，正是衰亡的開始。她朝氣蓬勃，晶瑩剔透，單純得似一個孩童。在她看來，冬天過去，春暖花開，在路上將有更美好的邂逅。然而事實是，春天繁花盛開過後，便是一地殘紅，滿目瘡痍。

哀傷是什麼，離愁是什麼，大勢已去又是什麼?這是宿命，李清照在這個冬季來到汴京，注定要承受寒冬之苦。

春節將至，繼母帶李清照和李迒上街購置年貨，街市店鋪，書生布衣，劍客走卒，喧鬧而有條理。在李清照眼裡，女子沒有拘束，她想笑便笑，想跳便跳。她似一隻小鳥，穿梭在巷陌街頭，店鋪商販攤前。

她也並不是只顧自己玩耍，還不忘為弟弟李迒講解歷史出處、故事典故。王氏買下三幅門神，李迒不懂，李清照便娓娓道來，門神畫圖的典故；李迒問為何鍾馗有兩種，李清照照樣解答得出。

一位女子，無才便是德。李清照如此「招搖」，惹得眾人紛紛側目，不過多數拍手叫好。商販老闆不服氣，要考一考李清照，他問，桃符又作何解？李清照一笑，將桃符的出處、用法、歷史發展、名人詩句引用娓娓道來，老闆大為驚詫，果真是一位奇女子。

得到眾人盛讚，李清照自是高興，卻也不以為然。她吟詩讀書，不為逞強證明什麼，只為自得其樂，開心進益便罷。假如一個人的才華成了炫耀的工具，那這般才能又有何用？既讀聖賢書，要麼修身養性，要麼報效國家，李清照年紀不大，還看不透世事，可她早已懂得該如何做人。

王氏是傳統女子，見不得李清照如此高調，催促她盡快回府。一位女子，拋頭露面，與陌生男子高談闊論，成何體統。李清照不覺失態，卻也懂得女子的禁忌避諱，什麼也沒說，跟著繼母回家了。

王氏把上街的事情告訴了李格非，埋怨李清照只醉心於詩詞歌賦，讀書遊樂，全然忘記了女子該守的禮儀規矩。李格非豈會不知女兒的性子喜好，只是他並非庸俗之人，對女兒的行為並不認為錯，反而認為女子當該有丈夫氣。他沒有訓斥李清照，而是把家中書房讓出來，伴她讀書，對她悉心教導。

李清照，於世人而言，是婉約派詞人，讓眾人留下溫婉、悽悽悲悲的印象。實際上，少女時期的她，活潑清麗，在讀書上很是下功夫。除夕夜，李迒沉溺於鞭炮爆竹、煙花絢爛之中，李清照嫌棄他不學無術，拉著他當著父母的面玩詩詞背誦遊戲。

他們姐弟二人，一人一首詩詞，不准重複，五首之中，不差一字，方能去燃爆竹。如果出錯，另誦五首，一字無誤，才算抵消錯誤。這遊戲是李清照所設，弟弟當然贏不了她，她不為勝利，只為教弟弟多誦幾首詩，順便考一考自己的記憶力。因此，才有了後來與趙明誠的賭書潑茶。

李清照愛誦詩，也愛寫詩。每次作完詩，必定拿給父親李格非看。李格非有言：「文不可以苟作，誠不著焉，則不能工。」李清照詩作，並不只注重辭藻華麗，更重思想靈魂與社會現實的關係。李格非教導李清照，切忌一味模仿，填詞作詩更該出自肺腑。李清照點頭稱是，細心記下，反覆揣摩後，填詞有了很大進步。她在晚年，回憶年少時代說：「中州盛日，閨門多暇。」十五六歲到十九歲，是她一生中少有的美好時光。她正當妙齡，生活悠閒富貴，在世俗凡間，吟詩填詞，好不快活。

一彎瘦月，一座庭院，一盞茶酒，一枝紅梅，在少女眼裡皆可成詩，皆可成趣。少年有時，歲月無情，一個轉身，世間富貴仕途已成惘然。京城，帶給她無限歡樂，也帶給她無限傷感。在這不可逆轉的歷史舞臺上，無論貧窮富貴，她都不改初衷。讀書喝茶，吟詩填詞，醉酒拈花，尋個知心人，才是心願所歸。可既是心願，便知是一個夢，夢最容易碎。它只是一個幻影，裝飾不了你的流年，也裝點不了誰的人生，唯一伴著生命的，不過是一曲琴音，一闋清詞，還有那低聲的呢喃。

## ●世間有君趙明誠：命運初識的知己

幾乎沒有人能擁有前世的記憶。奈何橋上，一碗孟婆湯，什麼都忘了。忘記，從不是解脫，只是之前生命的一種延續。佛說，萬般帶不走，唯有業隨身。伴隨人一生的，除了業力，還有一種東西，叫做緣分。不管你們相隔千山萬山，還是分散天涯海角，月老手中紅線，總能讓你們轉身即已擦肩。你前世所慕、所尋之人，即使沒了前世記憶，今世有緣自會相見。那種靈魂相通，無以言說的默契，一個眼神，就確定是他了。

少年時期的李清照絕不無病呻吟，見月傷懷，她熱愛生活，無拘無束，博覽群書，對歷史和社會都有著獨特的見解。唐肅宗時，著名詩人元結為紀念安史之亂，寫下了〈大唐中興頌〉，後由顏真卿書寫，鐫刻於浯溪石崖上。蘇門四學士之一張耒讀完後，為歌頌郭子儀平定安史之亂，創作了〈讀中興頌碑〉：

玉環妖血無人掃，漁陽馬厭長安草。
潼關戰骨高於山，萬里君王蜀中老。
金戈鐵馬從西來，郭公凜凜英雄才。
舉旗為風偃為雨，灑掃九廟無塵埃。
元功高名誰與紀，風雅不繼騷人死。
水部胸中星斗文，太師筆下龍蛇字。
天遣二子傳將來，高山十丈磨蒼崖。
誰持此碑入我室，使我一見昏眸開。
百年興廢增感慨，當時數子今安在？
君不見，荒涼浯水棄不收，時有遊人打碑賣。

此詩一出，廣受好評，傳頌甚廣。李清照讀完很是喜歡，思忖良久，胸中竟有一絲不吐不快之感。她熟悉那段歷史，對唐代社會興衰成敗有自己的見解，與其品讀別人佳作，不如創作自己的作品。她略加思考，提筆寫下〈浯溪中興頌詩和張文潛〉（二首）：

其一

五十年功如電掃，華清花柳咸陽草。
五坊供奉鬥雞兒，酒肉堆中不知老。
胡兵忽自天上來，逆胡亦是奸雄才。
勤政樓前走胡馬，珠翠踏盡香塵埃。
何為出戰輒披靡，傳置荔枝多馬死。
堯功舜德本如天，安用區區紀文字。
著碑銘德真陋哉，乃令鬼神磨山崖。
子儀光弼不用猜，天心悔禍人心開。
夏為殷鑑當深戒，簡策汗青今具在。
君不見，當時張說最多機，雖生已被姚崇賣。

其二

君不見驚人廢興傳天寶，中興碑上今生草。
不知負國有奸雄，但說成功尊國老。
誰令妃子天上來，虢秦韓國皆仙才。
苑桑羯鼓玉方響，春風不敢生塵埃。
姓名誰復知安史，健兒猛將安眠死。
去天五尺抱甕峰，峰頭鑿出開元字。
時移勢去真可哀，奸人心醜深如崖。
西蜀萬里尚能反，南內一閉何時開。
可憐孝德如天大，反使將軍稱好在。
嗚呼！奴輩乃不能道輔國用事張後專，乃能念春薺長安作斤賣。

尋尋覓覓，冷冷清清，人比黃花瘦，是李清照；賦詩以詠史言志，也是李清照。張耒詩作，著重歌頌郭子儀等中興將領的豐功偉業，回顧了安史之亂爆發的由來。他感嘆，歲月流逝，英雄今已不再。與張耒相比，李清照著重安史之亂的根源，反思安史之亂爆發的原因，並認為功德本就在天地間。叛亂雖被平息，卻耗盡國家元氣，使得唐朝衰落，又怎值得歌頌呢？

十六七歲的年紀，原本最該尋尋覓覓，人比黃花瘦。心中藏下萬千柔情，對某位男子動了心，用了情，度一段低眉意難平的錦瑟年華。可她沒有，她的詩作與歷史眼光，以及政治眼光，早已超出許多男子。宋代大儒朱熹說：「如此等語，豈女子所能？」後人陳景雲也說：「其文淋漓曲折，筆墨不減乃翁。『中郎有女堪傳業』，文叔之謂也。」

居家小女子，待字閨中，卻在達官貴人那裡如雷貫耳。宋代人王灼稱讚李清照道：「自少年便有詩名，才力華贍，逼近前輩。在士大夫中已不多得。」她承襲父親衣缽，又勝過父親；她人正當年少，卻勝似長輩；她文字老成，心態又單純得勝過諸多平凡女子。

平時愛玩愛鬧的李清照，遠離市井喧囂，將自己藏於街尾巷陌，只為沉靜下心來與書香為伴。如若累了，便坐在鞦韆架上，疏鬆筋骨。後來，她跟著父親去了相國寺，本想增長見識，誰知，意再難平。

相國寺，燒香拜佛之地。心有所求，靜心祈禱，有福德者總能得到佛菩薩的加持。李格非帶著全家遊覽此地，並向家人講解每尊佛像的名稱，以及這些文物的價值。他還帶著家人，遊覽了名勝古蹟和五百羅漢像。隨後，一家人又來到相國寺市場，遊走於筆墨書畫間，欣賞萬千墨寶。

街上熙來攘往，喧囂聲不絕於耳。李清照穿梭於人群中，駐留於一幅幅書畫碑帖中。她什麼都不想，只想大飽眼福，或尋得幾件心頭寶貝，求著父親為她購下。她笑著，歡喜著，不知不覺已跑出去老遠。回頭再看父親，他正與兩位年輕男子聊天。李清照撥開人群，返回父親身邊，一剎那，世界都安靜了，她只聽得見自己的心跳。

有時緣分就這樣奇妙，遇見對的人，只需要一個眼神就夠了。李清照被其中一位男子吸引，他叫趙明誠。他相貌出眾、風度翩翩、謙遜有禮，與父親幾句簡單的問候，已讓李清照為之傾慕。他溫文爾雅，滿是書卷氣，僅此一眼，便知同好，僅此一眼，便再也忘不了。

世間怎會有如此男子，似乎專門為她而來。她在他眼裡看到了悸動，像是驚擾了他的清夢。她羞澀地將頭低下，心中暗暗驚嘆，想再看一眼那才俊少年，卻又怕四目相對的尷尬。他轉身走了，她也走了，她頻頻回頭，那少年早已消失在人群中。

剛才發生了什麼？如夢一般，美得不真實。此後，李清照再不能靜心讀書，只想陶醉在那一場初見的夢中。她在〈浣溪沙．閨情〉中寫道：

繡面芙蓉一笑開，斜飛寶鴨襯香腮，眼波才動被人猜。
一面風情深有韻，半箋嬌恨寄幽懷，月移花影約重來。

詞中少女，芙蓉面一般秀美，斜靠在「寶鴨」香爐邊，腦中回想著甜蜜的一刻。她想得走了神，那笑中甜蜜如何也掩不住，從眼波中流露了出來。她想遮掩，怕被人猜透心思，可那悸動的心，又怎能掩飾得了，還是在少女的臉上綻放了。

夢中少年，似在呼喚，可她也知道，是自己的心亂了。她焦急，不知如何是好。他傾慕她嗎？若是花草有情，能表人心意，還是儘早告知他心意吧。今夜無眠，她也成了那懷春的平凡少女，但她不平凡，她有詩才，早已名震京城。

誰人不識李清照？李清照的大名早傳進了趙明誠的耳朵裡。那日，她從人群中擠進來，只一眼，就擠進了他的心裡去。那久仰大名的李清照，果然不凡，出落得亭亭玉立，美麗嬌俏，膚如軟玉，目若秋波。

是她，是她。只是，該如何探知她心意呢？

## 倚門回首嗅青梅：少年相知的青澀記憶

是誰，在輕叩她的心門？是誰，讓她歡喜讓她憂？又是誰，讓那有丈夫氣的女子生了哀怨？是他，那位叫趙明誠的男子。自那日相國寺初見，李清照入了相思夢。夜涼如水，冷月冰寒，那琴音，也失了溫度。思念他時，繡面芙蓉掛著笑，放下他，一顆熱心變得悽悽哀哀。原來，思念一個人，時間可以轉瞬即逝，也可以變得漫長無限。

李清照的堂哥李迥和趙明誠是好朋友，自那日在相國寺見到李清照，趙明誠再不能忘懷。他輾轉反側，苦苦尋找見她的機會。他找到李迥，請求去李家做客，只為再睹紅顏風采。

約莫過了一個月，李清照和趙明誠再次相見了。

那日，陽光正暖，楊柳飛花，李清照在院子裡獨自蕩著鞦韆。她坐在橫板上，輕輕搖晃，幾許閒愁，擾得她心煩意亂。大約是有了氣，也或者是調皮，突然間，鞦韆橫板騰空而起，李清照越蕩越高。如荑纖手緊緊抓著繩索，加之劇烈運動，她的汗水溼透了衣衫，像柔弱嬌嫩的花枝上沾了露珠。

她盪得累了，停下來休息，按著起伏的胸脯，嬌喘吁吁。她還來不及將手洗淨，驀然間，有人走進院子，細看正是那位讓她茶飯不思的少年。趙明誠這位不速之客，讓李清照慌了神，她衣冠不整，汗溼羅衣，如此狼狽的樣子怎能被他看到？李清照慌忙跑開，鞋子掉了，髮髻上的金釵也掉落了下來。她藏到門邊，偷看來客，誰知那少年也正望著她。她含羞一笑，只好假裝去嗅門邊青梅，好掩飾她對他的傾慕之情。後來，她將這場景寫了一首詞，叫〈點絳唇〉：

蹴罷鞦韆，起來慵整纖纖手。露濃花瘦，薄汗輕衣透。
見客入來，襪剗金釵溜。和羞走，倚門回首，卻把青梅嗅。

她在躲，他又何嘗不躲？四目相對，他也慌了神。那一閃而過的眼神，李清照不能確定他喜歡她。那晚，她久久不能入眠，枕著月光，思忖著她的錦囊妙計。

沒多久，她作下兩首小詞，一首是〈如夢令〉，醉酒後誤入藕花深入的小詞，另外一首是〈雙調憶王孫〉：

湖上風來波浩渺，秋已暮、紅稀香少。水光山色與人親，說不盡、無窮好。
蓮子已成荷葉老，清露洗、蘋花汀草。眠沙鷗鷺不回頭，似也恨、人歸早。

這兩首小詞，她頗為滿意，一想到才華不被懂得的人賞識，就只恨世間無知音。倘若，那夢中少年讀罷，是否會傾慕她的才華呢？她靈機一動，將兩首詞用不同字型精心書寫，並將寫好的紙條放入錦囊中，然後請繼母將此囊放在父親的案頭上。

李格非回到家，看到這個小錦囊，打開一看，立即懂了女兒的心思。知女莫若父，女兒自見到趙明誠便害了相思病，她的心思，他自是看在眼裡。如今，女兒為了那少年煞費苦心，他又如何能不成全？

翌日，李格非來到太學，將錦囊交給李迥，囑咐他應與趙公子並太學諸生一同拆看。李迥不解其意，也沒多問，只待太學諸生一起談詩作詞時，才敢打開誦讀。

某日，太學諸生在五嶽觀閒逛，他們一路說笑，興致極高。李迥藉此機會故意摸兜，錦囊落地，趙明誠見到急忙撿起。

眾人不知所以，問李迥此是何物，他也只好搖頭。就這樣，那錦囊打開了，趙明誠輕讀小詞，越讀越佩服。加之，李清照模仿古人字體，眾人便猜測為呂仙所作，也有人誤為蘇軾所作。他們一路議論，誦讀聲，佩服聲，不知不覺傳到了禮部，接著又傳到了街頭巷尾，紛紛猜測此詞作者到底是誰。

李迥回到家，將那日太學諸生的評價講與李格非和李清照聽，他們聽完，笑而不語。等李迥得知是堂妹所作，佩服不已，將此真相告知了趙明誠。他終於知道了，他賞識她，將她比作仙人，她又驚又喜，想著僅憑才華，他也該喜歡上她，她再度揣測他的心思。愛上了，就去追求，她嬌羞，卻也大膽。她不管是否媒妁之言，是否門當戶對，只願塵世裡遇到傾心之人，從此執手相看共白頭。

李清照才貌俱佳，如今名震京城，而她又到了婚配的年紀，家中提親的人絡繹不絕。他們有的身分高貴，有的家財萬貫，李格非都拒絕了。他和女兒用盡心思，不是為著這些人，又怎能對他們輕易許諾？

趙明誠的學識和人品，無可挑剔，李格非對這位未來女婿很是滿意。要說趙家家世，更是勝李家一籌。趙明誠的父親趙挺之為當朝吏部侍郎，從三品官，兩家相比，趙明誠確實是不錯的夫婿之選。只是，官場複雜，朋黨之間又有意氣之爭，兩家可謂是「仇人」。這些李格非知，李清照又豈會不知？

李清照自信已獲得趙明誠的青睞，只是兩家政見不同，成了橫跨在他們之間的一道鴻溝。不是李清照天生哀怨，實在是世間事有太多無奈，這些她無力改變。她尤其記得那日，她偷看他，嗅了一把青梅，如今，再嗅那青梅，早沒了那日的芳香，只剩下一股酸氣。她忐忑著，起伏難定，不知明日命運如何，又花落誰家。望著滿園春色，不由得就坐到了桌前，提筆寫下了〈浣溪沙〉：

小院閒窗春色深，重簾未卷影沉沉，倚樓無語理瑤琴。

遠岫出雲催薄暮，細風吹雨弄輕陰，梨花欲謝恐難禁。

你看，那滿園春色繁花似錦，熱鬧非凡又怎樣，還不是落入了沉沉的暮色裡。少女心事，心頭閒愁，與這般景色又有何不同？她輕撥琴弦，試圖沉浸在音律聲樂裡，打發那幾許閒愁，卻發現，琴聲沉悶，比那心事還陰鬱，真是悽苦難言。只好看看細風吹雨，這也是一番至美景色不是嗎？不是的，她只見細雨中，梨花在枝頭飄飄欲墜，如同她的命運，始終無法掌握在自己手裡。

那又掌控在誰手裡？細風中還是細雨中，她不得而知。

## 生命皆因果：緣起緣滅的初章

人生修行一場，走過千難萬險，明月溪山，人們還是捨不下名利繁華，世間情緣。可見，無論走多少路，歷經多少風雨，千迴百轉之後，人還是那個人，一點不肯轉變。欲望，是一把利器，以為得到既是保全自己，卻忘記了它是一把雙刃劍，傷人之時必傷自己。種下了傷人的因，便要自吞傷人的果，天道輪迴，那把指向別人的劍，總會在未來的某一刻對準自己。

世事艱難，前路總有一個又一個坎坷等著你。李清照靠詩才終於贏得了趙明誠的青睞，卻發現與心愛的人喜結連理是更為困難的事。她朝思暮想的少年，與她隔著一條銀河，她這才猛然發現，人在世道面前竟如此渺小。

趙明誠，字德甫，是趙挺之的幼子，原籍諸城。他自小成長於貴戚之家，喜詩文，酷愛收集前代金石碑刻文字。他為人謙和沉穩，文化底蘊深厚，文化趣味高雅，在士大夫中聲名鵲起。而他的父親趙挺之，字正夫，謚號清憲，當朝吏部侍郎，從三品。他才幹出色，為官時政績突出，在官場中順風順水，升官極快。他屬王安石變法黨派，做了改革、新黨人物，與反對變法的舊黨人物立場對立。

在《宋史·趙挺之傳》中，有這樣的記錄：「挺之在德州，希意行市易法。黃庭堅監德安鎮，謂鎮小民貧，不堪誅求。及召試，蘇軾曰：『挺之聚斂小人，學行無取，豈堪此選？』蘇、趙對立，李格非為「蘇門後四學士」之一，與趙家自是不睦。李格非剛直不阿，疾惡如仇，趙挺之搜刮斂財，人品道德不可取，又如何和平處之？蘇軾不滿王安石變法，趙挺之是王安石變法的執行者，也因此趙挺之成了「罪魁禍首」。蘇軾將所有不滿發洩到趙挺之身上，趙挺之又對蘇軾進行報復，兩黨之間的紛爭愈演愈烈。

陳師道是「蘇門六君子」之一，他雖為趙明誠姨丈，卻十分討厭趙挺之的為人。年輕時，朝廷重用王安石經義之學取士，陳師道寧做布衣，也不參加考試。後有一次，冬日要在郊外舉行祭祀活動，他家境貧寒，像樣的棉衣也沒有，妻子從趙挺之家中借來一件棉衣，陳師道得知後，堅決要求妻子退還，結果不幸染上風寒而亡。

政見不同，不是仇人勝似仇人。難得的是，陳道師並沒有因此而遷怒於趙明誠，他在給黃庭堅的信中寫道：「正夫有幼子明誠，頗好文義。每遇蘇、黃文詩，雖半簡數字，必錄藏，以此失好於父。」趙明誠不過是一位單純的少年，不參與朋黨之爭，他喜歡蘇、黃，便收藏了他們的文字。因這簡單的喜好，趙挺之對兒子很是不滿，極不喜歡他。

趙挺之長期擁護王安石變法，為推行變法遭人嘲弄，受人指責。他在舊黨眼中，實屬惡人，但他政績了得，也有人持不同的看法。在樓鑰《攻愧集》中寫道：「右丞相趙清憲公遺事，其孫誼錄以示鑰，遂獲窺先正之風烈。嗚呼，建中靖國初，徽皇銳意於治，親擢公為御史中丞，裕陵人物之舊，收用無餘。黨論雖興，猶有如公者，屹立於諸公中，讒謗競起，而主意不移，維持國是，尚有賴焉。使左右皆薛居州，事寧至此耶？三讀遺編為之感涕。」

朋黨之間，意氣之爭，孰是孰非，誰又能說得清楚。仇人眼中，好人也是壞人；親人眼中，壞人也是好人。蘇軾經常跟王安石、趙挺之、呂惠卿、章惇針鋒相對，而趙挺之又何嘗不是經常參「舊黨」一本，將蘇軾、黃庭堅等人打入了元祐黨籍。那把利劍，還是出鞘了，再也收不回來。趙挺之勝了，蘇軾被貶，李清照的父親李格非也因此受到牽連。那時，趙挺之官至宰相，一人之下，萬人之上。

一時間，趙挺之權傾朝野，趙家門庭若市，趙明誠也一路升官，官居鴻臚少卿，正六品。螳螂捕蟬，黃雀在後，人生沒有誰能真正勝利。趙挺之得勢之時，正是他毀滅的開始。兩黨之爭，兩敗俱傷，舊黨人物逐漸殆盡之後，蔡京這隻黃雀跳了出來。在《宋史·趙挺之傳》中寫道：「既相，與京爭權，屢陳其奸惡，且請去位避之。……乞歸青州，將入辭，會彗星見，帝默思咎徵，盡除京諸蠹法，罷京，召見挺之曰：『京所為，一如卿言。』加挺之特進，仍為右僕射。」

趙挺之與蔡京鬥爭中，因得「彗星見」天助，偶得勝利，位極人臣。佞臣蔡京豈能服輸？「其黨陰援於上……復拜左僕射」，擔任宰相。

趙挺之敗了。兩個月後，他被迫辭去宰相一職，回家過了五天，便病逝了，終年六十八歲。那把出鞘的劍，兜兜轉轉又落回到了自己身上。一人得道，雞犬升天，自高處跌落，更多人要補上幾腳。趙挺之去世後，趙家也備受牽連。徐自明在《宋宰輔編年錄·趙挺之行傳》中寫道：「挺之卒之三日，京遂下其章，命京東路都轉運使王旉等置獄於青州鞫治。俾開封府捕其親戚使臣之東京師，送制獄窮究，皆無實事，抑今供析，但坐政府日，有俸餘錢，止有剩利，至微，具獄進呈。兩省臺諫文章論列：挺之身為元祐大臣所薦，故力庇元祐奸黨。蓋指挺之嘗為故相劉摯援引也。遂追贈官，落職。」

逝者已去，再無辯解可能，趙挺之就這樣被指為元祐黨人，趙明誠兄長也因此入獄，後來雖已洗清罪名，但兄弟三人再無官職，只能遣返回山東青州。

世人不信因果，更信人定勝天，命運掌握在自己手中。誠然，命運也曾垂憐趙挺之，甚至有「彗星見」助之，可還是敗了。如同蘇軾為除盡新黨，最終不也落得自傷嗎？有人笑了，那佞臣蔡京不是勝了？是嗎，贏了嗎？蔡京先後四次擔任宰相，共達十七年之久，改鹽法和茶法，又鑄當十大錢。北宋末年，太學生陳東上書，稱他為「六賊之首」。宋欽宗即位沒多久，蔡京被貶嶺南，途中死於潭州。

朝廷內外，血跡斑斑，殺來殺去，最後流的，一定是勝者的血。河山更替，日月輪迴，輸了贏，贏了輸，以為能得到什麼，其實這不過是一場大自然的遊戲，一旦認真就已經輸了。不管你信不信，自然的力量都在推著世界往前走，春夏秋冬，年復一年，從哪裡開始，便要從哪裡結束。與其投入遊戲，計較輸贏，不如坐看雲起雲落，花開花謝，拈花成詩，花開見佛。

# 第二章

## 滄桑詞韻：浮生若夢訴離殤

當一個人陷入感情的深潭，眼中所有風物也便有了情。李清照倚門回首，只此一眼，便已驚心動魄，地動山搖。她抬頭看雲，是趙明誠的樣子；低首聞花香，便猜測趙明誠的心事。她正享受著大好年華，遇見他，彷彿蒼老了，她有太多說不盡的滄桑心事。

為了他，她算盡國家天下事，只求世道順遂，成全她小女子的心願。老天憐她，她嫁了，與趙明誠做了一對幸福的小夫妻。他們在一起吟詩填詞，讀書賞畫，為了金石碑刻，當衣服，當首飾，日子簡靜又開心。

書籍字畫、古董碑刻何其有幸，能得他們夫妻二人的珍愛，遇到了懂它們、愛惜它們的人。他們也何其有幸，竟能與這些古董相遇，聽它們訴說學問與故事。

## 芝芙草拔：才情初顯的芬芳

佛說，前世五百次的回眸才換來今世的一次擦肩而過。今世，遇見他，定要續一段前世之緣。有人縱然情深，奈何緣淺，相遇、相知後，也就散了。有人相隔千山萬水，阻礙重重，所幸緣深，終能相知相伴。無論江山易主，還是戰亂紛起，總有一個地方，容得下一對平凡的夫妻；也總有人，願為成全兒女，緩和黨爭，喝下一杯叫做「和平」的酒。

有情男女，心意相通。李清照為獲得趙明誠的青睞，使出了「錦囊妙計」。趙明誠自相國寺初見，已傾慕李清照，又如何能不做一番努力呢？

趙明誠恪守父母之命、媒妁之言的禮數，本想聽從父母安排，為他婚事做主。自他愛慕上李清照，思前想後，只想與心愛之人執手相看，相伴終生，不想配錯姻緣，留下遺憾。他反復思索「詞女」二字，想以此找到說通父親的入口。

緣分天定，靈感自天而降，他思維敏捷，沒多久便想出了說服父親的辦法，從此他的一個夢，被傳為了佳話。

有段時日，趙挺之赴遼祝賀生辰，因不辱使命，為國朝爭得尊嚴，而心情大好。趙明誠深知此時正是最佳時機，便藉此機會將李清照的事說了出來。元代伊士珍的《瑯嬛記》中寫道：

父：汝近日課業沉重否，精神體魄何如？

子：兒課業之事尚得好評，唯冠禮後不時夢寐不寧，今日晝寢，夢誦一書，醒來唯憶記三句，兒為之困惑不解，未知是何預兆。

父：汝道來，父可解之。

子：三句云：「言與司合，安上已脫，芝芙草拔。」

父：此為喜兆，汝待得能文詞婦也。「言與司合」是「詞」字；「安上已脫」是「女」字；「芝芙草拔」是「之夫」二字，非謂汝為「詞女之夫」乎？此女即李翁格非之女，名清照。吾即下帖子為汝求之。

有一天，趙明誠在家中睡覺，夢到誦讀一本書，醒來便把這個夢告訴了趙挺之。他只記得書中有三句話：「言與司合，安上已脫，芝芙草拔。」他不求甚解，希望父親幫助解之。趙挺之聽完，解釋說，言與司合，不是「詞」字嗎？安上已脫，不是「女」字嗎？芝芙草拔，是「之夫」二字啊，三句話組合起來，即是「詞女之夫」。

夢中遊戲，豈能當真，趙明誠的小謊，又怎能瞞得過趙挺之的眼睛。知子莫若父，他精心編製夢境，可見他對她用了真心，自己若執意反對，未必不會生出其他事端。與其讓兒子整日朝思暮想，日後對他生恨，不如成全兒子的心意。另外，時局發生變化，此時與李家交好，也正是美事一樁。

趙、李兩家，因黨派之爭處於對立狀態，趙挺之與李格非二人，更是不同類型的人。情勢所逼，縱然李清照和趙明誠兩情相悅，本應注定有緣無份，恰逢時局發生變化，他們不得不「兩家交好」。

宋徽宗繼位後，一直努力平衡兩黨之間的關係，使得朋黨之間的衝突緩和平穩。趙挺之那時不是新黨領袖，李格非亦不是舊黨中的重要人物，二人並未有過直接衝突。兩家合婚，順應政局，實在不是什麼壞事。

上天垂愛，正是這段平穩時期，給了才子佳人成婚的機會。趙明誠得到父親的許諾，歡喜異常，而那在孤獨中等待的李清照並不知情，還因無法順遂心意而黯然神傷。她寫了一首〈浣溪沙〉：

淡蕩春光寒食天，玉爐瀋水裊殘煙，夢回山枕隱花鈿。

海燕未來人鬥草，江梅已過柳生綿，黃昏疏雨溼鞦韆。

這個春天，李清照經歷了太多。她不再活潑開朗，而是多了幾分慵懶，幾分傷感。她獨坐在閨房中，看沉香輕煙裊裊，正如她飄渺的心思，實在無著無落。她和衣而臥，不知不覺睡著了，醒來時沉香燃盡，花鈿落在了枕頭上，她這才知道，剛才睡著了，似乎還入了夢。夢到了什麼呢？她再也想不起，只覺那夢哀傷幽怨。

海燕還未歸來，江梅花期已過，那柳絮此時正飛花，這樣的好天氣，鄰家女子，走出閨房，玩著鬥百草的遊戲。而她，一整天都關在閨房裡，直到黃昏。她起身，走到窗臺，聽著雨聲，看到絲絲細雨打溼了鞦韆，連她唯一的樂趣也被這雨剝奪了。

不，不是的，被奪走的分明還有鬥百草遊戲，這是她最喜歡玩，也最擅長的遊戲。鬥草有「文鬥」和「武鬥」，「武鬥」如今已經不知是怎樣玩法，「文鬥」即是對花草名。參與遊戲的女子採來花草，以對仗形式互報花草名，誰採的花草品種多，對仗水準高，並堅持到最後，誰便取得勝利。

才女李清照，自小飽讀詩書，這樣的遊戲，她每次都能取得勝利。那日，鄰家姑娘玩遊戲，她亦不想參與，只因重重心事壓在心頭，毫無興致。同一件事，心境不同，那「事」也起了變化。她到底是女子，有丈夫氣又如何，在愛情面前還不是變成了繞指柔。

世間富貴，功名利祿，從不是李清照的追求。她不過只願得一人心，白首不相離，二人情投意合，舉案齊眉，有書有詩有茶，就夠了。而那男子，正是她所求，他才華無限，喜金石學，情趣高雅，品行端正，算得上世間少有的知音。

不知那時，李清照有沒有去佛前求一段塵緣，為這，誦唸經書千百遍。來世，她願化作一棵樹，長於他的院中，日日為他遮陰蔽日。只是，今生呢？

是啊，她更想為今生祈禱，結下這段塵緣，與他朝夕相伴。哪怕，哪怕後半生跌宕起伏，命運多舛。許她一段安穩歲月吧，不驚不擾，無憂無慮，索要真的不多呀！

有些祈願，以為不多，卻不知道，歲月靜好，現世安穩，是世間最難實現的事。

## 自是花中第一流：婉約詞派的巔峰

晴光雨日，悲喜聚離，花草鳥木，無一不能寫成一闋古詞。而「花事」，在古代詩詞中，幾乎是詩詞人必寫的素材。惜花傷春，承載著詩詞人的思想寄託，為花慨嘆惋惜，又表達了詩詞人的傷春情緒。李清照，離不開宋詞；宋詞，又離不開花。李清照筆下的花，滿是心事，其中酸甜苦辣，個中滋味，怕是只有當事人才能體會。

宋詞，伴隨了李清照一生。她能詩能詞，留存於世的作品卻並不多。其中那首〈如夢令〉，很是廣為人知。

昨夜雨疏風驟，濃睡不消殘酒。
試問捲簾人，卻道海棠依舊。
知否，知否，應是綠肥紅瘦。

昨夜的李清照，又喝了酒。伴著窗外的雨聲、風聲，她喝得半醉，藉著酒力沉沉睡去。一覺醒來，才想起昨夜下了雨，颳了風，不禁擔心起院中的海棠來。她不忍看那滿地殘紅，只能詢問捲簾人，她說，海棠依舊。是嗎？是嗎？她還是不忍去看，怕是殘紅狼藉，綠肥紅瘦了吧。

她惜花、愛花，海棠經歷風雨，也要為花而悲，為花而痛。青春易逝，紅顏易老，人生又能經歷幾多風雨？一次，一次也就敗落了。海棠花落，來年再開，人生落幕，幾時再來？

知否，知否，應是傷春悲秋。

對酒當歌，人生幾何，偶爾傷感，不過是生活的調節劑。那風、那雨，怎能天天來，就像這人的身體，偶感風寒，痊癒了自是健康開心地活著。那花呀，有的落，就有的開，這世間永遠不缺花團錦簇，也永遠不缺賞花之人。而李清照，獨樹一幟，偏喜桂花，偏把桂花比作自己。她在〈鷓鴣天〉中寫道：

暗淡輕黃體性柔，情疏跡遠只香留。何須淺碧輕紅色，自是花中第一流。
梅定妒，菊應羞，畫闌開處冠中秋。騷人可煞無情思，何事當年不見收。

人生無奈，也不必自甘墮落。李清照的婚事，受阻了，但她並不甘心。她一遍遍訴說自己的趣味和心性，她自信、驕傲，堅信她是一顆明珠，懂她的人自是懂得。

她喜歡桂花，色淡香濃，別看它貌不驚人，但它清高香甜，自是「花中第一流」。李清照家世不夠顯赫富貴，父親在朝中地位低下，雖然不能與「淺碧輕紅色」的牡丹、芍藥相提並論，但它清高脫俗，香氣宜人，是中秋之冠。也因此，惹來梅花的嫉妒和菊花的羞怯。她是李清照，少年便名震京城，她的內在美，又豈是富貴的牡丹、芍藥能比的？

清高恬淡，淡雅清麗，自是一種美。可是人往往喜歡富麗堂皇的熱鬧，喜歡牡丹、芍藥、菊花，那金秋之桂，獨有暗香，卻極少被人發現。她在等待，不是等待有人發現她的美、她的好，而是等他衝破世俗，衝破枷鎖，佳偶天成。

她沒辦法不喜桂，就像她無法不喜梅。如果桂花寫的是她的內在美，那麼梅便是得天獨厚、無與倫比了。於是，她寫了〈漁家傲〉：

雪裡已知春信至，寒梅點綴瓊枝膩。香臉半開嬌旖旎，當庭際、玉人浴出新妝洗。

造化可能偏有意，故教明月玲瓏地。共賞金尊沉綠蟻，莫辭醉、此花不與群花比。

李清照等到了他。他沒讓她失望，他們舉案齊眉、相敬如賓、趣味相投。新婚之始，夫妻二人都有些拘謹、戒備，總怕真實的自己不被對方欣賞。慢慢地，李清照終於明白，生命該以最自在、柔媚、真實的姿態出現。偶爾的小醉，衣冠不整，都沒什麼，誰也不能改變其本質。

梅，孤傲、清逸、淡雅，是宋人最鍾愛的花，也是詞人最喜歡寫的花。李清照的詞中，不少都在詠梅，只是她眼中的梅，少了清瘦與孤冷，只因被那暖暖的熱情融化了。

春意泛起雪先知，那雪中梅花，洩露了春光。朵朵半開的寒梅，點綴在枝頭，嬌豔旖旎，開在庭院裡，如同美人出浴。梅花真是有造化，老天都喜歡它，它本已如此美了，卻還派月光來為它增輝。這樣的時刻，如何能不飲酒賞花呢？不要怕醉，醉就醉了，它的風韻、獨特之美，任是群花也比不了，又如何能不陶醉呢？

雪景之下，如出水芙蓉，嬌羞帶著本真，她自是香的，誘人的，何須遮掩，自是無與倫比。做人，該當放下面具，以真示人，才能被人發現你的好。前提是，你真的好，你香豔、才華過人、嬌媚，如梅一般，懂的人自然欣賞。是啊，你已經那麼好了，還有月增輝，這樣的女子，又豈是普通女子能比的？

這並不是指李清照不愛美，不再裝扮自己，而是說她有自在、灑脫的本性，也有香豔、嫵媚、出水芙蓉的姿態美。如果多了華衣貴服、點滴裝扮，更是增添了無限光輝。梅，有孤傲、清寒之意，而她將梅置於雪和月中，更容易讓人以為這詞有些哀傷、孤冷。她沒有，她揚揚自得之意溢於言表，只想借梅表達自己。

她順利贏得他的心，又順心遂意嫁給他，當然有些自信自傲。她的自信也來自趙明誠，他是如此欣賞她，又把她的才華捧得極高，她想不得意都難。她終於，終於勝過牡丹、芍藥，成為「花中第一流」。

她這是貶低牡丹嗎？非也，她只是不甘心承受不公平的待遇。每個人都該有其價值，何必因為不是牡丹便被否定，又何必因為自己是桂花，就去否定牡丹。她也詠過牡丹，寫出了〈慶清朝〉：

禁幄低張，彤闌巧護，就中獨占殘春。容華淡佇，綽約俱見天真。待得群花過後，一番風露曉妝新。妖嬈豔態，妒風笑月，長殢東君。

東城邊，南陌上，正日烘池館，競走香輪。綺筵散日，誰人可繼芳塵。更好明光宮殿，幾枝先近日邊勻。金尊倒，拼了盡燭，不管黃昏。

李清照詠的花，生於宮禁中，有護花帷幕低低的張蔽遮陽，也有紅色欄杆加以護持。這花獨占暮春風光，它淡雅挺立，姿態柔美，朵朵精妙絕倫，惹得春風嫉妒，更使明月開懷。在東城邊，南陌上，日光充足之地，從早到晚賞花之人川流不息。但是，這般盛大的興會結束後，又有什麼花來繼它之後呢？

李清照所詠之花並未點名，有人說詠牡丹，也有人說詠芍藥。無論詠的是哪枝，詠的是富麗堂皇者總沒錯。寫花不見花，只見「禁幄低張，彤欄巧護」，指的便是那些被精心呵護、有高貴氣質、傾國傾城的絕代佳人。花賞了，美人見到了，只可惜，天底下沒有不散的筵席。再絕色傾城，再美的人，也只能留住一時春光，夏天來臨時，又有什麼花來更替呢？不是牡丹不好，是聚散無常，人該各自綻放，等春光逝去，管它是否金烏西墜，黃昏將至，反正還有未燃盡的殘蠟。與其自尋煩惱，唉聲嘆氣，不如趕快喝下金盃中的美酒，多一份坦然豪情。

傷春悲秋易，坦然接受難。美人怕遲暮，春光怕逝去，活著的人吶，怕來日無多。在年華盛景，在如鮮花綻放般的青春裡，多少人擔心著未來，感嘆春光短，青春太倉促，殊不知，那哀怨的心情連這大好時光也辜負了。怕什麼，該來的總會來，該走的留不住，與其感慨時光易逝，不如享受時光，活在當下。至於黃昏時刻，喝一杯美酒，燃一燭殘蠟，也是好的。至少有酒，至少有一份坦然面對的心情。你不恐懼，便沒什麼好怕的，只剩下勇敢面對的豪情。

## 思君不見君：相思入骨的等待

大畫家齊白石曾說：「莫羨牡丹稱富貴，卻輸梨橘有餘甘。」人自一出生，富貴貧窮、脾氣喜好，大多已定。縱然後期會發生改變，但深入骨髓，根性到底難改。於是，有人為了榮華富貴，為了功成名就，把自己活成了一具行屍走肉，活成了牡丹，卻忘記自己本是梨橘。齊白石還說過：「學我者生，似我者死。」這句話，豈是說作畫，不也是在說做人嗎？李清照自幼便已知曉，她是桂花，不稱羨牡丹，也不學牡丹，她就是她，她要活出最好的自己。

李清照生得美，嬌豔，柔媚，清水出芙蓉，不過，她深知，她並非有傾國傾城之色。然而，她還是自信的，她不比美貌，要比才情。正如桂花芳香、甜美，也是牡丹、芍藥所不能比擬的。她在詩詞上精進，要創造自己的芳香，最終贏得心上人的傾心。

她沒有等太久，那婚書便來了。他們郎才女貌、才子佳人，在當時也被傳為佳話。宋徽宗建中靖國元年（西元一一〇一年），他們結為伉儷。那年，她十八歲，他二十一歲。

她風光嫁人，場面熱鬧非凡。隔著蓋頭，她似乎能聽到他的心跳，一切來得竟這樣快，如夢似幻。時間是跳動著的，幾經折騰，就來到了洞房。他來揭她的蓋頭，霎時四目相對，他還沒說什麼，她便什麼都懂了。

如她所願，他們婚後幸福美滿，志趣相投，一起互相品讀詩詞文章。這時的李清照，還多了一個愛好，那便是與趙明誠一起收集金石碑刻。她喜歡這樣的生活，詞作也從悲傷哀嘆改為幸福甜膩。新婚的她，很快寫了〈醜奴兒〉：

晚來一陣風兼雨，洗盡炎光。理罷笙簧，卻對菱花淡淡妝。

絳綃縷薄冰肌瑩，雪膩酥香。笑語檀郎：今夜紗廚枕簟涼。

新婚燕爾，伉儷情深，二人賞雨聽曲。彈完笙簧的李清照，還對著鏡子上了一層薄薄晚妝。她穿了絳紅薄綃的透明睡衣，衣服下的雪白肌膚若隱若現很是誘人。她許是彈累了，半躺在竹蓆上，伴著醉人的幽幽香氣，她笑說：「檀郎，今天晚上的竹蓆可真涼。」

閨房之趣，你儂我儂，她叫他檀郎，光明正大地喚他為心上人。她不管，不在乎世人如何看她，只想過最恩愛的夫妻生活。更何況，她不是活給別人看，而是活給自己看。雖然這詞最終流落民間，被人指摘太過露骨，少了女子的矜持，不過這樣的惡語左右不了她的生活。撫琴作畫，煮酒寫詩，快樂是自己的，她自是知道。

有趙明誠的日子，是幸福的；沒有趙明誠的日子，卻要飽受相思之苦。他是太學生，必須恪守太學規則，平時住校，每月初一、十五才能請假回家，與家人團聚。一個月，與趙明誠相見兩天，多數是她一個人在相思。平常夫妻，形影不離、如膠似漆，為何她與他卻不能耳鬢廝磨、朝夕相處？

思念一個人，是難熬的，只覺得她的心上人，怎麼還不來。她已相思成疾，卻只能去等那初一或十五。快了，還有三日、兩日、一日、兩個時辰……她似一尾孤獨的魚，在他的溫柔水域中遊蕩。在他將要回家之際，她聽到了賣花農的吆喝聲。心思一動，寫下了一首叫做〈減字木蘭花〉的詞：

賣花擔上，買得一枝春欲放。淚染輕勻，猶帶彤霞曉露痕。怕郎猜道，奴面不如花面好，雲鬢斜簪，徒要教郎比並看。

李清照使了小性子，小心思。聽到賣花的吆喝聲，非要買得一枝含苞待放，帶著清晨露珠的梅花。花色紅豔如霞，楚楚動人，看著真是討人喜歡。可越是這樣，越要讓趙明誠猜一猜，到底是花好看，還是她好看。

十八九歲的年紀，當然人比花嬌，加上她飽讀詩書、才華橫溢，又有許多人難以企及的高雅氣度，那梅花在她面前，也只能黯然失色。可是，她非得讓趙明誠猜，她就是想讓趙明誠知道，花不勝我。

什麼叫夫妻間的情趣，這大概便是了。你不說情話沒關係，我自有辦法，她借鮮花鬥豔，逼得他吐露心聲。多日未見，他的妻，又嬌美了，活潑可愛了。這樣的嬌妻，他難道不想長相廝守嗎？他也相思，也想與她整日卿卿我我、甜甜蜜蜜。只是，人生有遺憾，有些事終不能圓滿。就像他們的一生，終究是聚少離多，最後天人永隔。

你思念的人，也在思念著你，如此一想，相思之苦也變得甜蜜了。可是，她與他的分離，終究離不開世道的敗壞。她曾以為，世間總有一個地方容得下一對平凡的夫妻，當趙明誠與她天人永隔，她才知道，人活著，求一生安穩度日，竟是如此之難。但是，他們的感情還在啊。為了他們的感情，她寫下了〈瑞鷓鴣．雙銀杏〉：

風韻雍容未甚都，尊前柑橘可為奴。誰憐流落江湖上，玉骨冰肌未肯枯。
誰教並蒂連枝摘，醉後明皇倚太真。居士擘開真有意，要吟風味兩家新。

風韻雅緻，儀態雍容，看起來雖然奢華，但這並沒什麼，相比之下，那酒尊前的柑桔，卻還是顯得遜色了。那時，她夫家敗落，一個人流落於江湖，無人憐惜，無人疼愛，她玉潔冰清，膚如凝脂，她依然是她，不肯枯竭，不肯老去。

李清照自始至終追求的，從來不是榮華富貴，一直都不是。夫家敗落，趙明誠去世，她依然沒被世俗打倒，保持著她的風骨。她所求不多，有一人相守，有書有花有茶。可是，沒有了，什麼都沒有了。

是誰造成的呢？是誰將這並蒂的銀杏果摘下來了呢？她的夫君去了，她的心也死了。曾經的他們，就好似那唐明皇和楊貴妃，心心相印、愛憐有意。如今，她無人疼愛，無人關心。可話又說回來，他的情意還在。那枝並蒂的銀杏果被摘下了，但他們流落在外時，卻依舊兩情相依。他走了，他們的愛，他們的情，並未斷啊。

曾幾何時，她的夫君再也盼不回。她悲痛哭泣，傷心難過，都喚不回他了。她寫了不少悼亡詞，在夢裡，在筆下，在山間……，無時無刻不在思念他。有時想想，人生有初一、十五，不該怨天尤人，該是一件幸福的事，至少有人可盼，有家可歸。

他們最終還是做了有緣無分的夫妻。之前，她思念他，他也在想著她，日後，只有她一個人的思念，再無他的回應。緣盡於此，就這樣吧，再難也要活下去。只願，世人能給她一個小小角落，靜度流年。

## 錦瑟年華誰與度：華年難共的嘆息

錦瑟年華誰與度？每個少女，都有過這樣的心事。是他，還是他？思慮越久，心思越亂。曾經的李清照，遇到趙明誠後才思考這個問題，她不是想與誰度，而是在想能否與他度。她就是這樣幸運，嫁得如意郎君，過著琴瑟和鳴的幸福生活。

李清照的詩作，多悲嘆傷感，她本人卻從不矯情，喜歡過有滋有味的生活，哪怕日子窮苦一點，也要從事品味高雅的業餘愛好。她與他最重要的感情紐帶，便是文學創作、金石碑刻、鑑賞品味文物字畫等，如果少了這些，她便不再是她，他也不再是他。

世人總有這樣的觀念，步入家庭後，便要過起柴米油鹽的煙火生活，如果婚後還想詩詞歌賦、吟詩撫琴，便會背負上不會過日子的惡名。她是李清照，凡塵煙火的生活她要過，詩詞歌賦的生活亦要過。只是，居家過日子，宦官之家的大小姐也犯了愁。

婚前，李清照吟詩填詞，讀書賞畫，多依附於父親，李格非收集了哪些書畫古董，李清照便欣賞哪些作品。生活上，她有繼母和丫鬟照顧，幾乎不用費心。也因此，李清照算是十指不沾陽春水，不知柴米油鹽貴。婚後，她的夫君趙明誠喜歡金石碑刻和古董字畫，他們想要收集回家，便要花大筆銀子才能應付。趙明誠在太學幾乎沒有收入，從太學出來後出任官職，也不過七八品的小官，收入更是有限。他們手頭無積蓄，幾乎無法滿足收集愛好，若是尋常女子，定是先持家填肚子，過好一衣一食。她是李清照，她不要那一衣一食，她要金石碑刻，她要古董字畫。她在《金石錄·後序》中記尋了收集金石時的素貧生活：

余建中辛巳，始歸趙氏。時先君作禮部員外郎，丞相作吏部侍郎。侯年二十一，在太學作學生。趙、李族寒，素貧儉。每朔望謁告出，質衣，取半千錢，步入相國寺，市碑文、果實歸，相對展玩咀嚼，自謂葛天氏之民也。

趙明誠作太學生，趙、李兩家又家境貧寒，他每月初一、十五回家後，他們一同典當衣物，換來五六百錢，直奔相國寺，只為購買金石碑刻、書籍字畫。清貧素儉，簞食瓢飲，也不改其樂。回家後，夫妻二人反復展玩、欣賞，自謂葛天氏之民。

葛天氏是傳說中上古部落的酋長，在那個部落裡生活的居民純真樸實，悠閒自在。他們夫妻雖清寒淡泊，卻生活得高雅脫俗，又有共享精神生活的人，真是人生最幸福的事。碑不能食，畫不能吃，書不能蔽體，在別人眼中，飽食暖衣為基本需求，可在李清照看來，她必須有富足的精神生活，那是生命，是最珍貴的食糧。自古「書生」二字，前面定要加上「窮酸」兩個字。不是書生天生窮酸，而是他們的追求決定了要過窮酸的生活。他們可以吃粗食，穿粗衣，卻必須活得有氣節、風骨，滿足於精神。在別人看來，實為可笑。吃都吃不飽，又哪有精神世界？可是話又說回來，沒有精神世界，吃得飽、穿得暖，活著又有什麼意思？當然，也有人說，吃飽穿暖後，再去追求精神世界也未嘗不可，那才是人生雙贏。只是，人生沒有如果，也沒有以後，只有每一個當下。多少人，輸就輸在了「等以後」，「以後」沒有來，「現在」也沒了。

婚前，趙明誠知曉李清照喜歡詩書，卻也擔心過她不喜歡金石碑刻。事實上，她是喜歡的，她飽讀詩書，又能文能字，自然對碑刻有興趣。其後，她和趙明誠一樣，熱愛金石事業，他不在的日子裡，她一人整理著趙明誠收集和研究的文物。

錦瑟年華誰與度？兩個人，與他度；一個人，還有琴棋書畫詩酒茶，以及金石事業。她不寂寞了，也少了些許思念，彈幾首曲，填幾闋詞，整理碑文，夠打發寂寞了。不，她不再寂寞，而是過得充實滿足。

風花雪月，終究敵得過柴米油鹽。一個人之所以能被歲月磨平，不過是風花雪月於他而言不重要了。所以，人生得一知己，實在不易，遇到了就該彼此珍惜，相伴終生。後來，李清照改嫁又離婚，也是因為那個人不是對的人，她寧可孤獨終老，也不要將就湊合。無人與度，就自己度。

有些「貧窮」，是自己選擇的。李清照嫁入趙家，並非天生貧窮，後來，趙明誠有了收入，他們的生活也沒有得到改善，依舊把錢財用於購置碑文石刻。李清照在《金石錄．後序》中寫道：

（明誠）後二年，出仕宦，便有飯蔬衣練，窮遐方絕域，盡天下古文奇字之志。日就月將，漸益堆積。丞相居政府，親舊或在館閣，多有亡詩、逸史，魯壁、汲塚所未見之書，遂盡力傳寫，浸覺有味，不能自已。後或見古今名人書畫、一代奇器，亦復脫衣市易。

新婚不久，經濟不夠獨立，便典當衣物購置心愛之物。後來，趙明誠有了收入，他們的志向變了，改為「盡天下古文奇字之志」。他們要收集更好的、更古的、更奇特的。若是碰到好物件，金錢不夠，寧願立即脫衣交易，窮盡一切可能。

人生在世，有人求飽食暖衣，有人求功名利祿，還有人求榮華富貴，然而，這些李清照都不要，她要更大的快樂，投入無盡的歷史文物當中去。那段時間，她是幸福的，從未想過人生會有什麼變故，更不知道，她傾慕了半生的夫君，為了宏偉心願，男兒抱負，離她而去，留她一人悽悽慘慘戚戚。

他為了錦繡前程，一紙功名，還是走了。她以為，守著金石碑刻，守著古玩字畫便能度過這大好的錦瑟年華，卻不知，那刻骨的相思出賣了她。沒有他的日子，一種相思，兩處閒愁，她一人用詩詞縫補破碎的心，堅信遠方的他也在思念她。他還會，披星戴月，風塵僕僕地歸來。

屆時，與他攜手度餘生。

## 相知裡的似水流年：歲月如歌，情深如海

每位女子，都有「一生一代一雙人」的祈願，過著過著，就變成了「爭教兩處銷魂」。為了遠大夢想，為了一紙功名，離開心愛的姑娘，遠走他鄉，以為一定會榮歸故里，卻忘記了人是會變的，人也是會散的。人生無常，聚散無常，新婚不久的李清照，以為今後的日子便是那「一生一代一雙人」，永遠都不會改變。

李清照到底年輕，似個孩子，還不懂得世事變遷，人生有更大的苦難。這一時期，她過得無憂無慮，極其開心。趙明誠不在家時，她研讀了父親李格非寫的《洛陽名園記》，書中記錄了洛陽十九處名園的歷史變遷、亭榭布置，以及各種花木體性等。李清照喜歡這冊書，在書中提升著園林知識，也正因此，她寫出了不少關於花的詞。

宋徽宗崇寧元年（西元一一〇二年），李清照遊覽了汴京景觀，有計畫地「實地考察」，將書本知識實踐於生活中。她寫花、愛花、惜花，又怎能不去賞花。有歷史記載說，她這次出遊，是由趙明誠陪伴。他視她為知音，他又如何能不與她共享人間美景喜樂？

登高望遠，牽手行走，他們聽文人墨客花前吟詩，也要比一比誰背誦的詩文多。李清照玩記憶遊戲從來不輸，只是，才子趙明誠也不甘落後，逼得李清照使出渾身解數。雲和風、花和亭，就在手邊，有著說不出的愜意，有些難以言說的幸福。趙明誠喜歡什麼花不得而知，但卻深知李清照喜歡桂花。她說，〈離騷〉裡不收入桂花，是因屈原情思不足。自古多情者多自傷，一句話道出她清高傲然的背後，終究有一顆小女子的心，也終究要被情所困，為情所傷。後來，她與趙明誠分隔兩地，活潑開朗的李清照竟生出許多哀怨來。她悲悲戚戚，相思之情爬滿心頭。

爬滿李清照心頭的，還有那些古玩字畫。她和趙明誠典當衣物，換來錢財，購置的金石碑刻、古玩字畫終究有限。不少古今名人的字畫價格高昂，並非他們能承受得起的。

有一次，有人拿了一幅南唐著名畫家徐熙的〈牡丹圖〉，供他們夫妻二人欣賞，並希望他們買下。徐熙是南唐的傑出畫家，善畫花竹、禽魚、蔬果、草蟲。在畫法上，一反唐代以來流行的暈淡賦色，創新出落墨表現手法，即以墨畫出花卉的枝葉蕊萼，然後傅色，人稱「落墨花」。〈牡丹圖〉雖不是徐熙最有名的作品，但百餘年來，能得到他的畫作已實屬難得。他們夫妻二人喜愛收藏眾人皆知，故此，這人找到他們，希望他們能收藏此畫。李清照見到這幅畫激動不已，一寸一寸地欣賞〈牡丹圖〉，加上她對花有了更深的了解，這幅畫真是深得她心。此人給了他們兩天鑑賞期，三天後如若購買，便準備二十萬文錢款，如若不願購置，此人便要拿回〈牡丹圖〉。

二十萬文，對於王公貴族、富商大賈而言，或許輕而易舉，但對於每月俸祿不多的趙明誠，卻是天文數字，他們夫妻二人縱然心有不捨，也只能望而興嘆。

把玩、欣賞、考辨，帶給了他們莫大的快樂，夫妻二人盡情地欣賞這幅畫，真是越看越喜，越看越愛，越看越不捨。天下好物太多，無奈囊中羞澀，真是人生一大遺憾。他們不貪戀世間富貴，可到底貪戀世間古玩藝術，與那些愛慕富貴權力者又有何區別？李清照在《金石錄．後序》中寫道：

嘗記崇寧間，有人持徐熙〈牡丹圖〉，求錢二十萬。當時雖貴家子弟，求十萬錢豈易得耶？留信宿，計無所出而還之。夫婦相向惋悵者數日。

他們雖典當衣物才能購置文物，但一直自認為好似「葛天氏之民」，單純而快樂。如今，為了〈牡丹圖〉感嘆惆悵數日，連最初的快樂也失去了。李清照自知不該如此，他們重要的是心性高雅，甘於淡泊貧窮，假如為了昂貴的文物而不開心，與追求仕途的人，又有什麼不同？失去喜愛的〈牡丹圖〉，僅感嘆幾天便想清楚了，他們夫妻有共同的愛好與興趣，還有普通文物供彼此賞玩，已得人間大樂，又何必在意更多呢？得不到固然遺憾，可世間好物太多，終究不能得到全部，但為了追求好物，為了更昂貴的東西，而失去自己，失去快樂，才是得不償失。

想明白以後，她和夫君趙明誠又恢復了往日的喜樂，他們依舊去相國寺收集文物，也依舊賞花賞雪，喝茶讀書。世間，無人能許你歲月靜好，只要心靜，歲月也便靜了。

然而，人生無常，李清照以為的平靜歲月和歲月靜好，終究是靠不住的。「一生一代一雙人」的美好願望，也終究抵不過現實。她自嫁給趙明誠，便為這段婚姻留下了一個隱患。當初的黨爭暫時「和平」，並不是得到和解，只是表面上看來風平浪靜。當水火不容、嚴重對立的政治鬥爭爆發，也就意味著李清照要做出犧牲，委曲求全。無論李家勝，還是趙家勝，都不是她想看到的，也都讓她為難。

世事變遷，平靜之下永遠暗流湧動，這是千古不變的規律。也唯有未雨綢繆者、未卜先知者，才能順利脫險。可是，太晚了，多數人沉浸於聲色犬馬、琴棋書畫詩酒茶的生活中，他們不信災難會來，不信天晴後便有陰雨，他們只信親眼所見，也正因如此，他們最終成了時代的犧牲品。

# 第三章 風雨共度：命運的輾轉與孤影

該來的會來，那可怕的黨爭表面風平浪靜，背後卻暗流湧動。她只是一個弱女子，新婚不久，卻陷入這場無妄之災中。在這場可預料的鉅變中，有人外放、入獄、貶竄等，也有人明哲保身，退隱山林，甘心服輸。她的父親李格非深受其害，被迫回到故鄉。李清照為了避嫌，也結束了汴京生活。

生而為女人，在時代面前，她是渺小的。她之所以離開，是為趙家著想，更不想讓他為難。她不求別的，只求他念著她，想著她，等風雨過去，再續夫妻恩愛的幸福生活。

## 識者哀之：知音難求的惆悵

好物易碎，好夢難圓，越是珍惜的東西，越是走得急。有時候，不是它易碎、易破，而是太過在意，好似一切都來不及。事實上，我們不在意的東西，也在失去，只因不在意，它失去了也無人注意。

李清照珍惜夫妻情緣，珍惜家人情感，可世事釀造了一杯苦酒，置於她的面前，硬是要她喝下。曾經新舊黨爭，差點讓她錯過一段好姻緣；如今新舊黨爭，使她夾在公公與父親中間，左右為難。

良辰美景，賞心樂事，婚後的李清照，雖不富貴，卻過得快樂美滿。當他們沉迷於金石書畫中時，宮廷裡傳來了向太后去世的消息。他們兩耳雖聞窗外事，卻也一心用在了聖賢書上，並未在意。但是，再聽到朝廷將「建中靖國」的紀年改為「崇寧」的消息時，李清照才猛然發覺，可能要出事了。

宋徽宗在政治上，一直平衡著黨派關係，新黨領袖蔡京並不甘心於此，他在童貫的引薦下，得到宋徽宗的賞識，並決定再次推行新法。宋徽宗聽從了蔡京的提議，恢復新法，並將蔡京任命為宰相。在《宋史．奸臣列傳．蔡京傳》中寫道：「徽宗有意修熙、豐政事……遂決意用京。忠彥罷，拜尚書左丞，俄代曾布為右僕射。」

趙挺之是新黨派堅定的支持者，有了蔡京的庇護，他青雲之上，位極副宰相，後又被提升為宰相，位極人臣。新黨得勢，第一件事便是翻出「舊仇」，將舊黨人物連根拔除。

宋徽宗崇寧元年（西元一一〇二年），此時蘇軾已去世一年，蘇轍也已回到河南許昌，但為了剷除舊黨，蔡京等人並沒有放過他們。他們開始對哲宗元祐年間得勢的舊黨人物，展開瘋狂的打擊報復，並將蘇軾、司馬光、張士良、王獻可、文彥博等百餘人定為元祐奸黨，並由宋徽宗御書寫下奸黨人名並刻石，稱為「元祐黨人碑」，立於宮殿門外。

李格非是蘇軾弟子，又是舊黨人物，此次政治鬥爭，他必定是在劫難逃。在舊黨人物名單中，李格非位列前茅，遭到貶謫，先是由禮部員外郎外放為京東路提點刑獄，後又被罷免京東路提點刑獄之職，不再擔任任何官職。

朝廷詔令天下，元祐黨人及其子孫不得入住京城，也不得在京城做官，甚至不得與其他家族聯姻，如果已交換聘禮、聘貼，也不再作數。李格非凶多吉少，繼母找到李清照，希望她能救救父親和她的兄弟。

救父，李清照當義無反顧，但又該如何去救？她反復考慮，趙明誠也為救岳父而煞費苦心，他們想了許多辦法，但都不一定能得到趙挺之的支持。她身為弱女子，一無官職，二無權威，簡直無計可施。經過一番冥思苦想，她認為自己最出色的是詩才，與其言語求救，不如寫成詩文。

李清照才思敏捷，無意中看到兩句詩：「眼看白壁埋黃壤，何況人間父子情。」一時間，她浮想聯翩，對這兩句詩還未來得及深加思索，便將其嵌入自己的詩句中，寫下了一首七言排律。此詩感人至深，題旨動人，加上父女情深，讀起來令人不禁黯然神傷。

她詩藝精到，屬上乘之作，這首詩很快傳開了，過目之人讀罷無不為之動容。直到宋高宗紹興八年（西元一一三八年），張琰為《洛陽名園記》作序時，亦能回憶起當時情形：「建中靖國再用邪朋，（文叔）竄為黨人。女適趙相挺之子，亦能詩，上趙相救其父云：『何況人間父子情。』識者哀之。」

紹興八年時，李清照這首詩還不至於殘缺不全，只是，張琰只引用了這句「何況人間父子情」。如今，全詩已不復存在，只剩下斷句，但仍能感受到她當時救父的急切心情。

她一心救父，詩才打動了無數人，卻無法打動公公趙挺之。他沒有看在兒媳的面子上救下李格非，而是任自處之。也因此，李格非被罷官，只好離開京城，舉家回歸故里。

家人有難不得救，心中悲涼可想而知。她身為趙家兒媳，享受著趙家兒媳的「榮華富貴」，而家人卻要離開京城，真是有苦難言。一邊是父親罷官，一邊是趙挺之「連升三級」，對於趙挺之的冷漠無情，她寫下詩作說：「炙手可熱心可寒。」

此詩典出杜甫的〈麗人行〉：「炙手可熱勢絕倫，慎莫近前丞相嗔。」意思是說，趙挺之手中權力越來越大，真是炙手可熱，紅得發紫。可是，您越是發燙，我的心越是寒冷啊。趙挺之靠打壓舊黨連升三級，犧牲的是李清照的家人，她對趙家權勢的威望，又如何能不寒心？

親情在政治面前，輕如鴻毛，現實在一位十八九歲的女子面前，只感覺到冰冷的寒意。世事無情，不是醉心於金石書畫便能逃得過現實的殘酷，它該來時會來，該走的時候，也不帶有一絲情感。

人生風雨，滄桑無盡，世間冷暖，只剩一句句悲涼的嘆息。從那時起，活潑開朗的李清照變了，變成了一位常常哀嘆的女子。世事無常，做人無奈，一切都隱藏在她的詩詞裡。經歷了這一切，她凝神寫下了〈玉樓春〉：

紅酥肯放瓊苞碎，探著南枝開遍未。不知醞藉幾多香，但見包藏無限意。
道人憔悴春窗底，悶損闌干愁不倚。要來小酌便來休，未必明朝風不起。

她喜歡梅，醉心於「香臉半開嬌旖旎」的嬌豔中，如今再見那梅，卻已變成「未必明朝風不起」了。那花瓣紅酥，剛剛爭破瓊苞，還沒有全部開放。不知道它在醞釀著什麼，有多少香，只覺得那花苞裡藏了無限情意。

春光乍洩，掙脫了冬的枷鎖，顯露出無限生機，這多好啊。梅花香自苦寒來，沒有堅韌不拔、傲雪鬥霜的精神，又如何能熬過冬日，贏得這春日的綻放。只是，那梅的精神太苦了，令人憔悴。

她憔悴地立於春窗之下，似那春梅，積了太多幽怨，想倚在闌上，又怕它無法承受。那梅就要盛開了，李清照卻想梅的寒苦經歷，這般心境，又如何能歡喜得起來，又包藏了多少哀怨的情意？

花開花落，月圓月缺，之前，她賞花，欣賞那繁華絢爛之美。當下，她已懂得，花開之時，便是花落之始。縱然嬌豔綻放，又能放縱幾許？她尤其記得，一陣風雨，海棠已綠肥紅瘦，這梅花，又能經受幾多摧殘？

南枝花向陽開得早，北枝花背陰開得晚，早或晚其實並無區別，都逃不過花開花謝的命運。也如同人，有人得意得早，有人得意得晚，最終還不是要走向那黃土大地，化為一抔塵土。

想要飲酒就快去飲吧，明天未必不起風，說不定連這梅花也賞不了了。人世陰晴難定，翻手為雲覆手為雨，新舊黨爭，起起落落，誰也不會落得好下場。可是，這一切與她還有什麼關係嗎？她是賞花人，生活的觀察者，命運的觀察者，於她而言，有關係的不過是一杯酒，幾許賞花的心情。

寫詩填詞，讀書喝茶，肆意暢快地享受當下，便夠了。世人鄙薄，人性薄涼，看透就好，何必執著於人性二字。只是，她看得透，卻做不到，只能倚著窗，唉聲嘆氣，灌下一杯又一杯澆愁的酒。

## 吹夢成霜：夢碎後的蒼白歲月

有時常常想，看透的人還有夢嗎？曾經以為，沒夢了，看透的人，當出世離家，哪還有凡塵俗世之求。後來終發覺，每個靈魂都是有夢的。當年，孔夫子已看透人世，明知世人不可救，偏要救世、救人，這便是他的夢；開悟成道者，得到解脫，渴望成佛成仙，明知成佛難，偏要坐化飛升，也是夢。

人間自古夢難圓。聖人、得道者，做著明知不可為偏要去做的事；那麼世人呢？不過是，走遍萬水千山，驀然回首，北風蕭瑟，吹夢成霜。

年輕時的李清照，本該過著無憂無慮的生活，無奈遭遇人間風雨。傷她者，不是別人，是她敬愛的公公趙挺之。有些人，面對此困境，選擇就此沉淪，順應黑暗世道，將自己變成奸佞、世故、圓滑的人。而李清照，依舊如一股清流，熱愛自由，崇尚高貴品格，不與那些人同流合汙。她嫁入趙家，親近了墨者，不僅沒有被染黑，反而更加清晰要過怎樣的人生。也正因此，趙明誠欣賞她、愛她。

李格非離開京城，他的子女也備受牽連，作為罪臣之女，她雖沒被逐出京，處境卻極為尷尬，受盡了冷眼與嘲諷。她孤苦無依，無奈無助，不知今後的人生又該如何自處。而那離京的父親，曾經滿腔抱負，他清正廉潔、剛直不阿，辛苦幾十年，最終落得奸黨逆臣的名聲，更是不知該如何自慰。

近日來，發生了太多事情，李清照心情壓抑已久，最終還是病倒了。她多日高燒不退，不食也不笑，身體虛弱到極點。大夫診脈後，說她內結怨氣，外感風寒所致，如若心病不解，吃藥調理也只能治好身體，卻醫不好心裡的病。

趙明誠心急如焚，他深知愛妻生病的原因，無奈解不開她的心結。他無法指責父親，成為不孝子，可他對於父親的政治立場，也不全是贊同。趙明誠左思右想，唯一能令李清照開心的，便是古玩字畫了。那些時日，趙明誠常常帶畫回家，依舊在蒐集蘇軾、黃庭堅的字畫，他並沒因為父親的政治立場，而放棄自己的喜好。

趙明誠此番做法，趙挺之極為不悅，但李清照的臉上漸漸有了笑容。她沒辦法要求趙明誠與父親對立，可是他卻也並非黑白不分，不因政治就否定蘇軾，令她寬慰不少。漸漸地，李清照因那笑，病情也逐漸好轉。

宋徽宗崇寧二年（西元一一〇三年），朝廷下令，銷毀蘇軾父子以及蘇門弟子詩文集的印版，凡是蘇軾題寫的碑文石刻，更是見一個銷毀一個。在此情況下，趙明誠依舊沒有放棄對蘇軾和黃庭堅詩文字畫的收集，更沒有因為父親而轉變自己的政治立場。

趙挺之令李清照心寒，趙明誠卻一直溫暖著她的心。他對蘇軾、黃庭堅、李格非等人格的欣賞與喜愛，令李清照寬慰。她可能嫁錯了家庭，卻沒有嫁錯人，她的丈夫可以依靠，是世間少有的、懂她的人。

公公仕途暢通無阻，若是平常女子，定要丈夫藉此機會，讓他官運亨通。她是李清照，更願意尊重趙明誠的想法。趙明誠只愛收集文物，若不是趙挺之一再提拔趙明誠，他斷然不會官至鴻臚少卿。

這年冬天，陳師道因寒疾病逝。在此關鍵時刻，陳師道不因棉衣而向「惡人」低頭，即使凍死也不穿「惡人」的棉衣，可見舊黨中，多是品格高貴者。趙明誠一直承蒙陳師道照顧，去給他行祭，李清照也想同去，卻被婆婆攔住了。

她身為李格非之女，能不受到牽連，完全因為她是趙家兒媳。當下，如此不避嫌，婆婆又怎會不管？趙明誠去了，李清照只好留於家中。曾幾何時，她連自由也沒有了，想要送一送舊日老友，還要礙於政治立場而不能去。她想起了「炙手可熱心可寒」的詩句，想那陳師道，也定是在心灰意冷中死去。他等不到了，等不到舊黨的出頭之日。

在這一時期，李清照又寫下了一首詞，叫做〈攤破浣溪沙〉，詠的依舊是舊日詠過的桂花。

揉破黃金萬點輕，剪成碧玉葉層層。風度精神如彥輔，大鮮明。
梅蕊重重何俗甚，丁香千結苦粗生。燻透愁人千里夢，卻無情。

今日的桂花變了，點點碎碎，如揉碎的萬點金屑，只是萬金桂花又不似真金沉重，十分輕盈。桂葉如剪成的碧玉，一層又一層，綠得純粹。彥輔是西晉時期的人物，名樂廣，他氣度不凡，是當時著名的風流人物。這黃綠相襯般的氣質，多像氣度不凡的彥輔，太鮮明。她依然在誇桂花，承認這桂花的品格與氣質，只是，李清照變了，那桂花也有了缺陷與遺憾。

梅蕊太多，重重外露，太過俗氣。丁香千結，擁擠不堪，顯得粗。可是這桂花啊，也沒好到哪裡去。它「燻透愁人千里夢」，勾起了她的思鄉之情，即使在夢中，也常常魂歸故里。桂花香氣馥郁，燻透了千里之外，奔波於京城和故鄉兩地的人。香是香，可是太香了，與梅的俗、丁香的粗相較，它顯得太過無情。這濃郁的香氣，常常把她從故園的夢中燻醒，讓她好夢難圓。

有人說，這首詞寫的是趙明誠後來在京城做官，她回到故里後，思念丈夫的詞作。事實上，此時的她，也在思念著遠方的家人。她依舊有桂花的高潔，可是，如今的她，卻多了些許憂愁。這來自桂花之香，也來自她內心深處的思鄉天性。

趙明誠越來越忙了，趙挺之要他以前程為重，在官場有一番新作為。他雖不滿父親的安排，卻也無法反抗父親的意願。他夾在李清照和父親之間，實在難以做人。如同李清照家道中落，不能與家人同甘共苦，卻還要在夫家「盡享榮華」，被世人恥笑。

她懂他，他亦懂她，他們什麼都不說，只願一切從來沒有發生過。此時的趙明誠，還未做官，初有做官的打算，李清照不說什麼，心裡卻極為難過。她始終不能忘記，趙家今天的一切，是以犧牲父親李格非及高潔的舊黨人士換來的。

算了，何必自取其辱，趙家父子的做法已說明一切，她原本就是那最不受歡迎的人。曾幾何時，她與趙明誠走到了相對無言的尷尬境地。與其如此，不如歸去，去她日思夜盼的故里。

## 歸鄉：漂泊心歸的倦旅

情到深處，最怕別離，有多少情感、多少人，在兩地相思中，越走越遠。不是對方變了，是那濃烈的情感吞噬了自己，硬是生出許多怨愁來：他是忘了我嗎？也在思念我嗎？怎麼還沒寄來書信？……曾經信誓旦旦愛著的兩個人，一旦分隔兩地，心也在兩頭搖擺，一邊堅信他的情感，一邊又疑心重重，怕是，他早已忘了我吧。

李清照和趙明誠曾經恩愛甜如蜜，發生「元祐黨人」的事件後，那甜蜜裡多了一絲苦澀。執手相看不見了，濃情蜜意也不見了，更多的是相對無言。上天向來公平，給趙家權勢名望時，犧牲的是這對小夫妻的恩愛生活。世事風波，他們的心，也搖擺不定，讀書畫畫，淡酒濃茶，似那兩個人的心，寂然無味，只剩下滿地淒涼。

她不想讓他為難，既然她的身分不清不白，又何必給趙明誠惹麻煩。左思右想，李清照告訴趙明誠，她決定回家省親。趙家聽罷，爽快答應，趙明誠也沒有多作挽留。他不是不愛她，捨得她離去，而是看得出她壓抑了太久，與其勉強留下，不如放她歸鄉，去那自由天地裡鬆口氣。

儘管依依不捨，恩愛情長，還是要別離。不難過，不哭泣，來日方長，躲過這一劫，夫妻情緣來日再續。只是，只是一個轉身，她竟生出相思來。她以為，她早已習慣別離，趙明誠在太學讀書，他們也是聚少離多。這一次，她才深知，再見他似乎遙遙無期，沒了初一，也再等不到十五。

懷著滿腸相思與離愁，她回到了章丘，這個生她養她的地方。風雲變遷，世事風波，京城早不是當年的京城，章丘卻是她離開時的章丘。這裡彷彿時間停止，沒有多少變化。在老宅前，她依稀記起，曾經那個愛讀詩書盪鞦韆的少女。那時的她，無憂無慮，跟著鶯飛，跟著草長，四季更迭，也無許多變化。

如今，那天真少女早已不再，只剩下一個滿身疲憊的女人。一路顛簸，李清照確實有些累了，她回到家中，只想好生休息，卻不曾想不久前祖父去世了。祖父彌留之際，心心念念的是汴京的李清照，怕她受委屈，擔心她難做人。李清照聽罷，難過得泣不成聲，在家人的陪同下，走到祖父墳頭前難過得不能自已。

她許久沒哭了，經歷家族重大變故時，似乎也沒掉過一滴眼淚。她在祖父墳前，眼淚來得凶猛，她哭世道不公，哭她的兩地相思，也哭她自己的命運。她一生所求不多，不過是一生一代一雙人，老天連這僅有的也拿走了，她又如何能不傷感？

李清照自小堅強，有淚也不輕彈，繼母和二伯母見她如此傷心，便想方設法逗她開心。她們將院中幾眼清泉，特意做了修葺和妝點，周圍也栽上了四時花木。花花草草，不能讓李清照開心，只是家人的用心，她又如何不懂？李清照強顏歡笑，假裝新愁舊傷早已放下，整日歡喜地在院中讀書、理妝、晒太陽。

那日，李清照見父親也在院中，便問他可否為清泉取個名字。李格非笑問：「你是否想好了？」李清照將《世說新語》中的故事講了一遍：「孫子荊年少時，欲隱，語王武子『當枕石漱流』，誤曰『漱石枕流』。王曰：『流可枕、石可漱乎？』孫曰：『所以枕流，欲洗其耳；所以漱石，欲礪其齒。』」

李清照講述的故事，李格非懂了。如今，她回到章丘，過著如同隱士般的生活，只好用隱士來形容自己，安慰自己。她想讓李格非放心，因為隱士代表著心境恬淡，平靜如水，不被世事所擾。她為東邊的清泉命名「漱玉」，李格非認為名字取得甚好。

雖然被罷了官，李格非卻處之坦然。這些年他在京城做官，早已疲憊不堪，回歸故里，算是有了藉口安度晚年。他並非沒了抱負，心中沒了百姓，只是，身處亂世，命運壓彎他的腰時，他更懂得如何自處。

當年，蘇軾遭到誣陷，被貶謫到黃州，長江從那裡流出，水勢奔騰浩大。清河張夢得，被貶後住在齊安，在那房舍的西南方修建了一座亭子，用以觀賞長江美景，蘇軾為這座亭子命名為「快哉亭」。在他看來，一陣陣風吹來，颯颯作響，真是暢快無比。人生境遇，時好時壞，只要心中坦然，心懷坦蕩，不以外物傷天害理，不以境遇擾亂心緒，又有何憂愁可言呢？後來，蘇軾再次被貶謫到更偏遠荒涼的地方，他依舊飲酒作詩，活得坦蕩快哉。他說：「莫聽穿林打葉聲，何妨吟嘯且徐行。竹杖芒鞋輕勝馬，誰怕？一蓑煙雨任平生。料峭春風吹酒醒，微冷，山頭斜照卻相迎。回首向來蕭瑟處，歸去。也無風雨也無晴。」

李格非是蘇軾門生，自然有這份坦然心胸，任是世間無情，人性無情，只要隨遇而安，便能「也無風雨也無晴」。李格非沒什麼不好，讀書作詩，打理花草，看看山光水色，也是自在人生。可他擔心李清照，她是多情少女，經歷甚少，宦海沉浮，世間風雨，只怕她太過認真。

知女莫若父，李格非的擔心不無道理。她過得不開心，憂愁與寂寞爬滿心頭，令她承受著相思的折磨。那段時間，她寫下了〈一剪梅〉：

紅藕香殘玉簟秋，輕解羅裳，獨上蘭舟。雲中誰寄錦書來？雁字回時，月滿西樓。

花自飄零水自流，一種相思，兩處閒愁。此情無計可消除，才下眉頭，卻上心頭。

人間最苦是相思，不想拿起，卻又總是放不下。可是，深秋了，聚的人就這樣散了。河裡的藕已長成，荷花荷葉卻已凋零，紅藕香殘，蕭瑟涼薄。竹編的蓆子，夏日睡了太久，都磨得如玉一般溫潤光澤。秋天來了，這蓆子也該收起來了。

四季流轉，悄然更替，人卻總是活在過去的記憶裡停滯不前。過去再美好，今日都已不復存在，她沒得選擇，只能離開。

輕解羅裳，獨上蘭舟。不去想了，這心正如這蘭舟，負重太多，怕是寸步難行。既然決定分隔兩地，就該放下他，讓自己輕裝上陣，勇往直前。抬頭，看到大雁南飛，真是羨慕它們，怕是南方的人，收到了北方離人的信了吧。可是，他的信是否會從雲中寄來呢？直到月滿西樓，怕是依舊無言以對吧。

花落於河水中，花順水飄零，水奔流而下，看似朝著一個方向而去，實則各不相干，一種相思，兩處閒愁。像她和他的相思，雖說相思之情是一樣的，可到底分隔兩地，各自閒愁。相思，放不下，排不掉，趕不走。她剛剛覺得忘卻了，放下了，眉頭也舒展了，轉眼間，又爬上了心頭。

她無計消除這相思之情，這不是她能左右得了的。情事纏綿，剪不斷，理還亂，只能舊愁添著新愁。如同這年年歲歲，一日一時地增長，再也不能減少。長大，便意味著多了愁怨，一層一層，日復一日地疊加，直到某一刻，突然得到解脫，全部放下，除此之外，你一點辦法也沒有。

相思令人老，明明只是幾天，卻彷彿過了一季，李清照突然覺得自己老了。這種悲傷，入心入肺，無藥可醫。她只希望，日後可以與趙明誠做一對相看兩不厭的夫妻，在平凡的歲月裡喝茶賞字畫，再不必惆悵，再不必相思，再不必吹夢成霜。

## 多少事，欲說還休：難以言盡的往事

夜涼如水，草木靜寂，是個喝茶賞月的好日子。可再好的日子，因著思念，多了些許冰涼，些許神傷。人生一世，如白駒過隙，可這夜總是無比漫長，長到不知不覺睡去，夢裡也盡是憂傷。

那日，李清照為清泉取名為「漱玉」，第二日，便寫了一封信給趙明誠。她做不到隱士般坦然自在，也做不到完全放下。那是一年一度的重陽節，她把信寫好交給父親。在汴京秋菊開放時，趙明誠收到了李清照的來信。打開一看，竟是一首重陽詞，名為〈醉花陰·重陽〉：

薄霧濃雲愁永晝，瑞腦銷金獸。佳節又重陽，玉枕紗廚，半夜涼初透。
東籬把酒黃昏後，有暗香盈袖。莫道不銷魂，簾捲西風，人比黃花瘦。

一種相思，兩處閒愁，佳節又重陽，卻總也開心不起來。她不知道這樣的相思要到何時何日才能結束，只能一個人哀傷，承受著相思之苦。

豈知黑夜漫長，白日也不短，像過不完似的。她什麼也不想做，不讀書，不喝茶，不品詩作畫，只是一個人，慵懶地待在房間裡。金色的獸形香爐中，焚了瑞腦香，煙霧繚繞，絲絲縷縷，似薄霧又似愁雲，她就這樣看著，只覺得這煙霧又似她的柔腸，心中哀傷不知不覺更重了。

夜晚，她躺在紗帳裡，枕著玉枕，輾轉反側，久久不能入眠。她靜數著時光，怎麼也等不到天亮，越熬心越涼，真是寂寞難耐。好不容易熬過一夜，可等到白日又能做什麼？還不是苦等黑夜。那日黃昏後，東籬下，她一人賞菊，一人飲酒。她想起那句「採菊東籬下，悠然見南山」的詩句，為什麼陶淵明可以把隱逸的生活過得如此有味，而她只能無盡惆悵。

籬笆旁，暗香湧動，盈滿衣袖，似她心中這萬般哀愁，隱隱的，卻撐滿整顆心。此情此景，難道不銷魂？忽地吹來西風，捲起了珠簾，身後的菊花被吹落了，吹散了。她更悲傷了，只能苦笑自己，她比那黃色的菊花瓣還消瘦！

「簾捲西風，人比黃花瘦」，說清了她的處境。她新婚不久，正是應時而開的「黃花」，她含苞待放，嬌豔欲滴，有「暗香盈袖」。可這黨爭「西風」，捲簾而入，使她飽受摧殘，還未開盡，便要謝了。令她銷魂的，不僅是相思，還有那「捲簾西風」，以及自己今後的命運。

才女一出手，便知有沒有。趙明誠讀完，像是被擊中，過了許久才從詞作中回過神來。除了感嘆讚賞外，更多的是不服。《琅環記．外傳》中記載道：「易安以重陽〈醉花陰〉詞函致明誠。明誠嘆賞，自愧弗逮，務欲勝之，一切謝客，忘食忘寢者三日夜，得五十闋，雜易安作以示友人陸德夫。德夫玩之再三，曰：『只三句絕佳。』明誠詰之，答曰：『莫道不銷魂，簾捲西風，人比黃花瘦。』正易安作也。」

李清照儘管相思，卻希望能有隱士般的生活態度。她一直聊以自慰，慢慢地寬慰自己，直到趙明誠在她心中漸漸淡去，才有了大把時間讀書作畫。紅塵之中，無人陪伴，將自己置身於書畫詩詞的世界也不錯。她在一筆一畫中，安撫著紛亂的心，雖然偶爾也會想起趙明誠，但心有歸處，總勝過悲悲戚戚。

不知不覺，李清照在故鄉待了兩年。有父親李格非做參照，她又怎能只顧離愁？粗茶淡飯，粗衣糲食，日子雖清簡，過得倒也清閒。此時的李格非，對政治和人生有了更為深刻的見解，他常常教導李清照，人生不一定要萬人敬仰，但一定要學會行到山窮水盡，也能坐看雲捲雲舒。

他們常常談論政治，而此時的政治舞臺上，也確實發生著變化。崇寧四年（西元一一〇五年）三月，趙挺之升任尚書右僕射兼中書侍郎，位居宰相，與蔡京平起平坐。政治的舞臺上，從來不缺你爭我鬥，起初，他們一起與舊黨爭鬥，當朝廷中的官員只剩下自己人時，權力的高低也便成了他們互相爭奪的對象。

趙挺之與蔡京二人，再不是朋黨，再不是一條船上的人，而變成了你爭我鬥的仇人。五月，朝廷下詔解除了「元祐黨人」的禁令，他們的家人也因此得到釋放，不再備受牽連。李清照得到這個消息，無疑是歡喜的。兩年，說長也長，說短也短，她苦熬了這麼久，總算是等到了。她要去京城了嗎？是要去見他了嗎？兩年來，他定是變了模樣吧。

她有些心急，只盼能早日趕到京城，與她的夫君琴瑟和鳴，互吐那滿腸愁思。沒多久，她便與趙明誠重逢了。她站在他面前，未語淚先流。確實變了，她在他的眼神裡讀懂了這兩年來的不易。只是不知，他能否讀懂她呢？

夜，不再長；晝，也只覺短。與心愛的男子在一起，即使靜默無言，時光也好似一閃而過。如果可以，李清照只願活在此刻，生生世世，再不離分。

這兩年，她平靜了許多，他卻多了些許浮躁。官場風雲變色，他又如何能不成長，不多留點心思？唯一令李清照安慰的是，他對她的情始終沒變，他對藝術的追求，對人性品格的追求也沒變。

變的，還是那世道。

崇寧四年六月，趙挺之罷相。他與蔡京明爭暗鬥，矛盾日漸尖銳，只好稱身體抱恙，回到家中。蔡京心懷不軌，惡貫滿盈，不僅搜刮民脂民膏，還在朝廷中搞起了黨派之爭，從中獲得更高的權勢。不僅如此，他徹底切斷了給宋徽宗進言的人，有近萬人因上書進言而慘遭蔡京殺害。

蔡京在朝廷中獨大，趙挺之看不下去，屢次告知宋徽宗，更是將蔡京種種不良行徑一一告發。宋徽宗大怒，出此下策，讓他「回家養病」，以退為進。說是以退為進，實則宋徽宗拿蔡京毫無辦法。此時的蔡京權勢太大，涉及官員太多，又如何能棄用？無奈，只能留著趙挺之，尋找適合的機會，伺機除掉蔡京。

趙挺之罷相，實中有虛，宋徽宗提拔他的兒子，給了趙明誠鴻臚寺少卿的官職。趙明誠仕途光明，自是開心不已。而他的愛妻李清照，卻不以為然。她依舊繼續收集書畫，整理著金石碑刻，好似一切從未發生。

她不能忘記父親的教誨，也不能忘記官場沉浮帶給她的傷痛。她甚至隱約覺得，趙明誠升職並非好事，因為大起之後，必然大落。如同那嬌豔欲滴的花，開過了，便只剩凋謝。花落可以再開，人若沉下去，幾時再重來？

道理她懂，可官場的事，她阻止不了。人間難得有情郎，世道浮沉她無力改變，唯一能珍惜的，便是她的有情郎。她貪戀著他的陪伴，他的笑容，他的溫柔，哪怕世道再壞，人間再苦，有他，就夠了啊！

## 道不盡的孤獨：命途多舛的吟唱

時光角落裡，總是擱置著那些不願想、不願做、不願說的事。在無人之時，偶然想起，總會一陣陣莫名的擔憂。她以為，只要不想、不說，一切便能假裝不存在。世俗，從不會讓人灑脫自如，也不會在你脆弱時便憐憫你。該來的會來，該走的會走，不是不想、不做，便真的不存在了。

李清照盡量在世俗裡活得坦然，寵辱不驚。他脫不去富貴華衣，她便假裝世道安穩。假如世道真的安穩，假如他遂了她的心願，與她一起過起茅屋草舍、粗茶淡飯般的煙火人生，或許便沒了後來趙明誠的英年早逝。

崇寧五年（西元一一〇六年）初，蔡京罷相，趙挺之再次出任宰相。朝廷廢除了「元祐黨人」碑上的名字，大赦天下，繼而廢除了關於「元祐黨人」所有的禁令。幾年前，那些因黨爭而被革職的官員，朝廷決定復用。得到這個消息，李格非沒有返回京城。這些年，他難得清淨，早已看透政治起伏，又何必再蹚這趟渾水？而那些舊黨之人，歸隱家鄉，種花種豆，也不願再在政治上過膽顫心驚、你爭我鬥的日子。

這一切，年紀不大的李清照全看在眼裡。事實上，政治不過是孩童在玩翹翹板，走馬觀燈般地升升降降。早些年，她經歷了人間低落，這兩年，趙家又將她推向了新的高峰。她開心不起來，只覺得那些機關算盡、老謀深算的人，幼稚可笑。有一年的七夕，她作了一首詞〈行香子〉：

草際鳴蛩，驚落梧桐，正人間、天上愁濃。雲階月地，關鎖千重。縱浮槎來，浮槎去，不相逢。

星橋鵲駕，經年才見，想別情、離恨難窮。牽牛織女，莫是離中。甚霎兒晴，霎兒雨，霎兒風。

秋草稀落，已經枯黃。草叢裡，還有幾隻蟋蟀偶爾傳來幾句叫聲。秋已至，草黃，梧桐葉落，誰知那蟋蟀卻不肯停歇，偶爾一叫，便驚了那梧桐葉子。這年七夕，毫無生機，人間如此慘淡，那天上也沒好到哪裡去。

天宮以雲為階以月為地，關卡千重，連道路都封鎖了。縱然天上的銀河有浮槎來來去去，但牛郎織女只在七夕相見，浮槎來去又有何意義？你我終究不能登上這往來的木筏。我在銀河這頭，你在銀河那頭，終日見君，卻又遠在咫尺天涯。

她承受了兩年相思，這憂傷，無人能懂。只是，相思相望卻不相親的日子，又是誰的原因？

星橋鵲駕，經年才見。一年未見，縱是見了，那離愁別恨能道盡嗎？六月的天，小孩的臉，說變就變。七月的天，又何嘗不是陰晴難定。一下子晴，一下子雨，一下子風，牛郎和織女，他們還能相見嗎？

時局政治，就這樣被李清照鑲嵌在了這闋詞裡。那蟋蟀聲的叫聲驚得梧桐葉落，不正是說明朝廷一聲令喝，便殃及太多無辜者嗎？因為黨爭，她和趙明誠成了兩地分離的人間牛郎和織女，縱然有來往的木筏船隻，可是又有何用？他們依然不得相見。她回到京城，終於與她的夫君相見，奈何總是相見「不相逢」。

對於政治，她有見地，對於人生和情感，她有諸多無可奈何。趙挺之復相，位極人臣，家裡門庭若市。此時的趙明誠，再不能日日陪伴李清照，他穿梭於遠近親朋中喝酒應酬，成了相見卻不相逢的人。

朝局不穩，是晴是雨還是風，陰晴難定，明日的他們，真的還會再相見嗎？她的夫君變了，那個曾經與她朝夕相對，夜夜暢談，一起品畫讀書到深夜的男子不見了。相府徹夜歡歌，她卻擔驚受怕，低語沉默。她再次得了相思病，不是終日盼君不見君的相思，而是日日相見不相聞的相思。看著人來人往，她有些煩躁和孤獨。越是熱鬧之際，越是荒涼之始。她也喝酒，孤獨寂寞時，如何能不醉一場？在那個夜裡，趁著酒勁，她漸漸入了夢境，醒來後，將那夢化作了一首五言古詩〈曉夢〉：

曉夢隨疏鍾，飄然躡雲霞。
因緣安期生，邂逅萼綠華。
秋風正無賴，吹盡玉井花。
共看藕如船，同食棗如瓜。

翩翩坐上客，意妙語亦佳。
嘲辭鬥詭辯，活火分新茶。
雖非助帝功，其樂莫可涯。
人生能如此，何必歸故家。
起來斂衣坐，掩耳厭喧譁。
心知不可見，念念猶諮嗟。

李清照伴著晨鐘入了夢，她騰雲駕霧般踏著雲霞去了仙境，然後遇到了傳說中的仙人，東海邊賣藥的「千歲翁」安期生。又借他引薦見到了得道女仙萼綠華。她在天宮裡與仙侶們一起賞藕，一起吃棗，過著人間不能體會的快意人生。轉眼間，她的夢醒了，看見紛亂世間，更加留戀夢中的仙界生活，不禁是生起惆悵哀嘆來。

她借夢懷念舊黨人士高潔的人格，將他們比喻為仙界人士，他們妙語連珠、才華橫溢、談吐高雅、巧分新茶，可惜快樂是短暫的，那樣的人和事，終究如夢一場。而她的趙明誠，在官場的環境中受著薰染，再不是當初的模樣，她又如何能不寂寞，不痛心？

她繼續著金石碑刻事業，只是沒了往日的興趣，一個人落寞地打理、研究。她以為是真的喜歡這件事，這時才發現，她更喜歡與他一起探討的日子。她不輕易放棄，在老物件裡，觸控著歲月流逝的痕跡，想那百年之後，又能留下什麼呢？

政治毒瘤早已種下，表面的風平浪靜並非真的安穩。蔡京雖然罷相，但在朝廷中的勢力不減，趙挺之上任後，依然不能為所欲為，清除異己。不得勢，卻身居高位，蔡京的朋黨如何能順服？他們彈劾趙挺之，各方面詆毀他，使他漸漸失去了宋徽宗的信任，宋徽宗決定復用蔡京。

大觀元年（西元一一〇七年）正月初七，蔡京復相。趙挺之還沒來得及在朝廷中安排自己的人手，小人便再次當權了。趙挺之和蔡京二人，雖為左右相，但趙挺之十分清楚，他朝中勢力單薄，並非蔡京的對手。他位極人臣，儘管勢力單薄，卻已近古稀之年，人生已無遺憾，唯一令他擔心的是，一旦失勢，他的兒子們該何去何從。

深思熟慮後，趙挺之借病請辭，宋徽宗深知「生病」的意味，並未批准。沒多久，蔡京同黨晉升，趙挺之的日子更不好過了。他謊稱得病拒絕上朝，終於惹怒了宋徽宗。同年三月，趙挺之罷相，得到消息，他鬱結在心，真的病倒了。五日即卒，年六十八。

趙挺之卒後第三天，蔡京並未停止對趙家的打壓。他一面命其親信在趙挺之故居青州置獄查問，一面在京城逮捕其在京親屬。趙明誠和兄長們入獄，所謂趙挺之結交富人等罪狀，純屬子虛烏有。蔡京找不到證據，又誣陷趙挺之包庇元祐黨人，卻查無此事。他百般刁難，給趙挺之扣上無數髒帽，卻皆無事實，最後只能將趙家親屬放回家。

該來的還是來了，趙家亂成一團，李清照雖然難過，但這一切她早有預見。人最怕失敗、落魄，為了成功機關算盡，最終卻落得慘敗的下場。我們常以為能握住什麼，但人死如燈滅，終究什麼都留不下。

政治無情，草木有情，短暫的塵埃落定在李清照看來並非壞事。只要她的趙明誠能幡然醒悟，他們就沒有失去什麼。官場，讓他失去了歡笑，讓她失去了相見不相逢的丈夫。那麼，失去官職，是否意味著得到？

可是，得到了又怎樣，終究還是失去了，即使看透世事的李清照也做不到自在淡然。犧牲公公，犧牲家族，到底是個悲劇。人生如夢，如她夢中的仙境，夢中的她陶醉其中，醒來明知是一場泡影，還是不由得左右回味。人已清醒，醒來還在夢中，又何況原本就在夢中的人呢？

## 結束汴京歲月：繁華夢醒的告別

經歷了災難，才知平安順遂是多麼重要。可是，有些人並不知足，總是期望再創輝煌。在一次次起落中，他們最終失了自己，失了性命，落得一敗塗地，再不能崛起。人至黃昏，回首年少過往，恰似如夢一般，好像真實發生過，一切卻又不復存在。愛恨情仇，悲歡離合，都淡了，都變了，過往情義，還在嗎？似在，也似不在。

趙挺之出入宰相，與蔡京力薦有關。曾經一度，蔡、趙二人，是宋徽宗的左右手。只是，蔡京奸佞之舉漸漸突顯，趙挺之不肯助紂為虐，屢次向宋徽宗陳述蔡京惡事，使蔡京遭受到了應有的懲罰。

奸佞之人，又豈會服輸，趙挺之的小勝換來的是他的大敗。宋代大儒朱熹說，趙挺之等人，與蔡京和章惇不同，他不肆行苛捐橫政，也不結怨於百姓，更不結怨於士大夫，外不失信於夷狄。朱熹說趙挺之，謂其「質厚清越有過人者」。

趙挺之生不逢時，遭奸人所害，終究令人惋惜。更令人惋惜的是，他的三個兒子品格高尚，才華橫溢，因父親被蔡京所害，被剝奪了封蔭之官。

短短五年，李清照和趙明誠經歷了人生數次起落，李清照早已習以為常，趙明誠卻難以接受現實的打擊。父親去世，官場失意，他滿腔抱負又該如何實現？曾經李清照因黨爭之禍，惹得自己處境尷尬，不得不回到故里，那時，趙明誠雖有安慰，卻也與她漸行漸遠。如今，趙明誠人生失意，李清照卻時時關懷安慰，對他呵護備至。她不能忘記曾經那個令她倚門回首嗅青梅的少年，就算他今日變了模樣，換了心腸，她依舊願意等他回心轉意。寂靜清冷的時刻，窗外的紅梅慰藉著她，閒來無事打發寂寥，於是，她落筆成詞，寫下了〈滿庭芳〉：

小閣藏春，閒窗鎖晝，畫堂無限深幽。篆香燒盡，日影下簾鉤。手種江梅漸好，又何必、臨水登樓。無人到，寂寥渾似，何遜在揚州。

從來，知韻勝，難堪雨藉，不耐風揉。更誰家橫笛，吹動濃愁。莫恨香消雪減，須信道、掃跡情留。難言處，良宵淡月，疏影尚風流。

閣樓裡，似乎春天到了，冬日裡不開的窗子鎖住了窗外的陽光，走在畫廊中，真是深幽寂靜。篆香燃盡，日影移至簾箔上，原來黃昏了。昔日，親手種下的江梅漸漸長好，何必非得臨水登樓賞玩風月呢？

趙明誠總是忙碌，再不肯與她聊天了，在這樣寂寥的時刻，只有她獨自對著梅花。這心情好似當年何遜在揚州對著花，寫下〈詠早梅〉中的詩句，被廢居長門宮的陳皇后和被司馬相遺棄的卓文君的心情是一樣的。

梅花嬌豔，不畏風寒，但到底是嬌弱的花，依舊難以經受寒風冷雨的摧殘。不知是誰，吹起了笛子，吹動了那濃濃的愁緒。不要抱怨它香消色褪，落花似雪，要知道，這樣的景象和情韻是長留不散的。這正如一對經歷風雨摧殘的夫妻，儘管家世衰敗，隨風零落，那舊情仍是長留不散。這情難以言說，就像良宵淡月時，月光投下梅枝橫斜的影姿一樣，俊俏風流，神采奕奕。

趙明誠仕途一片光明時，她與失寵的陳阿嬌和被棄的卓文君一樣可憐可悲。她體驗過這滋味，又怎肯使趙明誠體驗一把備受冷落、孤獨寂寞的味道。他們這一路飽受滄桑，嘗盡世間冷暖，眼看他家族落魄，但她不忘舊情，願陪他一起攜手度過。

人們常說「夫妻好比林中鳥，大難臨頭各自飛」，可生活中不是也有「患難見真情」嗎？京城是再也待不下去了，他們夫妻二人，不得不「屏居鄉里」，隱居到青州。

終於，李清照再次過上了理想的歸隱田園的生活。對於別人來說，退卻繁華太過清苦，可她始終認為，蒔花種豆，有詩有酒，才別有一番閒情逸致。他不再忙碌仕途，他終於只屬於她一個人。

大觀元年秋，趙明誠告別京城的兄長家人，和李清照回歸故里。他們此去並不寂寞，帶走了這些年來收藏的文物字畫，只要有了它們，無論身在何處，都不至於讓他們今後的生活太過蒼白。

李清照喜歡青州，更喜歡這裡的生活。趙挺之在與蔡京的政治鬥爭中，早知大勢已去，為他的子孫備下後路，其青州私邸已差人打掃多年。所以，趙明誠和李清照回到故里，極為稱心如意，她還把書房命名為「歸來堂」。這個書房是趙明誠和李清照的書房，只為他們二人所用，是夫妻二人的小世界。

大約兩三年前，李清照聽說晁補之被罷官回鄉後，自號「歸來子」，隨後她又讀了陶淵明的〈歸去來兮辭〉，受兩者雙重啟發，才有了「歸來堂」。書房命名後，李清照又從「審容膝之易安」一句中，取「易安」二字，起了自己的號，意謂身居簡陋之處，心易安適。所以，自那時起，她便自號易安居士。

青州，一待就是十年。十年，給了她歲月靜好，給了她煙火歲月，給了她一段執手相看的愜意人生。多少年過去了，李清照從未變過，只願做個不慕名利的淡泊雅士。賭書潑茶，倚樓聽雨，細數流年，清簡度日。

既已離開，她或許從未想過回去。可是，趙明誠想過。後來，他重返仕途，繼續鬥爭在政治舞臺上，也注定走上了一條不歸路。他與她再次漸行漸遠，她依舊不忘舊情人。她是愛他的，可他對她的愛，勝得過富貴名利嗎？

或許，這便是男子，有著女子終生不會懂的東西。家國天下、黎民百姓、為國傾力，才是男子的全部世界，兒女情長，不過是生命裡的一部分。對於女子，男人是一切，情大過天，彼此相伴才叫生活。

她能成全他的大情懷，他卻辜負了她的小心思。情深之人，必被情所傷，那點點情，滴滴愁，日後都記錄在她的詞作裡。那年，他看得到她的「人比黃花瘦」，以後，他還能看到她的「從今又添，一段新愁」嗎？

# 第四章　清歡如茗：幽居歲月的詩意執著

李清照和夫君趙明誠來到了青州，這一待，便是十年。他們雖處憂患困窮而志不屈，少了世事干擾，卻也樂得自在，逍遙快活。她有了「歸來堂」做書房，有了《金石錄》千秋事業，還有她朝思暮想，再不想離分的夫君。

這十年，是李清照一生中最幸福的十年。這裡沒有大風大浪，沒有錦衣玉食，沒有京城的繁華熱鬧，有的是「賭書消得潑茶香」，是「當時只道是尋常」。她以為，會這樣過一輩子，可趙明誠選擇走上仕途。那一年，他走了，他結束了青州歲月，李清照再與他相見，他似乎已不是夢裡的人。

## 賭書消得潑茶香：流年中短暫的清歡

有人說，只有歷經繁華，脫下戰袍，拋灑功名的人，才算是真正的隱士。倘若不曾擁有，又何來放下歸隱一說？因為不曾經歷，便否定一個人的淡泊之心終究有些武斷。如她，這位叫李清照的女子，不曾經歷世事前，她所求不過是一生一代一雙人，歷經數次起落後，她所求的依舊是那個人。她無須嘗盡世情百味，已有了歸居田園之心，誰又能說，她對世事的無所謂，不是真的無所謂呢？

回到青州，趙明誠的失意、痛苦、沮喪漸漸平息。細細想來，除了父親趙挺之離去，他似乎也沒有失去什麼。在青州與李清照朝夕相伴的日子裡，他回憶起了新婚時的種種，她還是那個嬌柔、才華橫溢的女子，她的不離不棄，是他極為重要的精神支柱。

趙明誠很快振作起來了，與李清照一起投入到了金石碑刻書畫文物收集整理的工作中，另外，還收集了各種書冊典籍。在汴京時，他們為了收集文物，典當衣物。在青州，日子清苦，為了有錢購買文物，他們的飲食，每頓只一道葷菜；他們的衣飾，只留一件貴重衣物，並不再添置珠寶首飾；他們的家具器物也極盡簡樸，不刺繡，不描金。

生活清苦，精神滿足，李清照在這段時間獲得了極大的快樂。她的情趣、趣味，在此時也獲得釋放，不再壓抑。她在《金石錄．後序》中寫道：「余性偶強記，每飯罷，坐歸來堂烹茶，指堆積書史，言某事在某書某卷第幾頁第幾行，以中否角勝負，為飲茶先後。中，即舉杯大笑，至茶傾覆懷中，反不得飲而起。甘心老是鄉矣。故雖處憂患困窮，而志不屈。」

她和趙明誠比記憶力，指著成堆的古書，要求說出某件事在某本書中的第幾卷、第幾頁、第幾行，說中者可飲茶一杯。李清照說中，舉起茶杯開懷大笑，一不小心，茶杯打翻懷中，潑了一身茶水，茶也飲不上了，真是可笑可喜又可嘆。

她說，雖處憂患困窮而志不屈，有了生活情趣，哪裡又有困窮一說？她看到的不是貧窮，是喜樂，是她與他的舉案齊眉、志趣相投。多年後，一位叫納蘭容若的男子在憶亡妻時，也懷念了他和妻子那段賭書潑茶的歲月。他寫了一首叫做〈浣溪沙〉的詞：

誰念西風獨自涼，蕭蕭黃葉閉疏窗，沉思往事立殘陽。
被酒莫驚春睡重，賭書消得潑茶香，當時只道是尋常。

尋常往事，只有日後憶起，才深知有多美好。許多年後，李清照一人整理金石碑刻，寫《金石錄》，也回憶著她和趙明誠的尋常。只是，那一個又一個尋常，實在太不尋常，帶給了她快樂與幸福。

古人說：「習靜覺日長，逐忙覺日短。」一個人相思，晝夜漫漫；兩人讀書喝茶，時間匆匆而過。那日，他們得到一批稀有的古人字畫、青銅器皿，欣賞了一整天仍然意猶未盡，只好夜晚燃燭繼續觀賞。蠟燭，燃了一支又一支，夜深了仍不想睡去，最後不得不約定「夜盡一燭為率」，燃完這支蠟燭必須休息，才肯作罷。時間，就是這樣不夠用，與他相伴的日子，過得飛快，只覺太短。

趙明誠很調皮，戲謔李清照說：「你把古器書籍侍弄出了靈性，豈非欲其生《淮南子·時則訓》之效？」李清照懂得他的意思，這書畫古器在趙明誠看來，如同劉安所說，大可「去聲色，禁嗜慾」。她不甘被戲謔，只好也用調皮的語氣回敬他：「豈止歌舞女色不能與書籍古器比，即使滿宮室的狗馬奇物，也只可殷鑑，不可沉迷！」

張岱說：「人無癖不可與交，以其無深情也。」是人就有弱點，一個毫無弱點的人，其心思之重可想而知。而一個有癖好的人，一定是深情之人，有趣味的人。李清照和趙明誠視金石碑刻和書籍字畫為珍寶，又怎能不沉迷呢？

他們收集的字畫文物多不勝數，幾乎是「几案羅列，枕席枕藉」，所到之處，都是書的世界。他們建立了圖書室，將書籍置於書櫃中，並為書籍分類登記、編號入庫上鎖。在《金石錄·後序》中，李清照寫道：「收書既成，歸來堂起書庫，大櫥簿甲乙，置書冊。如要講讀，即請鑰上簿，關出卷帙。或少損汙，必懲責揩完塗改，不復向時之坦夷也。」

書冊整理好後，如有人借閱，必先登記，才能拿到鑰匙，領取所借書目。如有汙損，必定懲責借讀者，使其擦拭乾淨，修改整齊後再還回。收集書籍原是興趣愛好，如今竟變得如此複雜，李清照自嘲道：「收集文物原是為了快樂，只是越收越多，弄得我們夫妻二人把玩、欣賞時總得小心翼翼，『不復向時之坦夷也』。」

她沒了最初收集文物書籍時的坦然心境，多少有些無奈，卻依舊覺得快樂。她是「歸來堂」的靈魂，每次踏進書房，立刻精神抖擻，很是愉悅。這段時間，李清照似乎不再寫詞，巨大的愉悅和收集整理工作，讓她忘記了，她還是個詞人。

有人說，藝術是孤獨的，只有孤獨者才能創造藝術。這個時期的李清照，也許少了藝術天分，也許詞作沒有得以保存，總之，後人看到的是，她極少再寫了。回憶起曾經那段相思過往，儘管落寞無奈，可這才是眾人眼中的李清照。

「賭書消得潑茶香，當時只道是尋常」，她並非只是婉約、落寞、悲悲戚戚，她還有賭書潑茶的日常，還有與趙明誠攜手並進，甘於平淡的志氣與坦然。她心性高潔，常常比作桂花，可她志不屈的精神卻似梅，縱然經歷風霜雨雪，只要根還在，初心不變，她亦能再次盛開。可又不得不問，誰是她的根？

之前，她只追求學問、心性修養，如今，那根怕是趙明誠了吧。他在，她盛開；他不在，她是要枯萎了。

## 安心著詞論：心寄詞章的慰藉

屏居青州那些年，李清照和趙明誠日子逍遙，縱是霜打雪梅、風吹殘菊，亦有了別樣風情，不再傷感緬懷。一念天堂，一念地獄，變的從來不是風景，而是欣賞風景的人。如果可以，李清照願意在青州老去，不問世事，風雨不驚，守著一碗一粥一書畫，守著她的趙明誠。

自宋徽宗大觀二年（西元一一〇八年）始，趙明誠登泰山，三訪靈巖寺，四遊仰天山。他的遊行，不為玩樂，而是為了收集文物字畫碑刻，為了「傳諸後世好古博雅之士，其必有補焉」。這些年，趙明誠基本完成了金石學著作《金石錄》，書中所藏金石拓本二千多種，三十卷，是繼歐陽脩《集古錄》之後，規模更大，更具史學、文物價值的金石學專著。

李清照並未閒著，她傾力協助趙明誠，在《金石錄．後序》中，她說，他們願在青州老去。他們愛好和專長不同，他專注於《金石錄》，此時的她專注於〈詞論〉的研究和著寫。在元祐年間，晁補之曾寫過一篇名為〈評本朝樂章〉的詞評，這篇詞評，一邊肯定蘇軾「橫放傑出」，不受音律束縛，另一邊又不滿黃庭堅的「著腔子唱好詩」，認為作詞理應講究當行本色。該論詞見解全面，給後世作詞人有了很好的借鑑。李清照後來讀到這篇詞論，從中受到啟發，遂專心研究，寫出了另一篇〈詞論〉：

> 樂府聲詩並著，最盛於唐。開元、天寶間，有李八郎者，能歌擅天下。時新及第進士開宴曲江，榜中一名士先召李，使易服隱名姓，衣冠故敝，精神慘沮，與同之宴所，曰：「表弟願與坐末。」眾皆不顧。既酒行樂作，歌者進，時曹元謙、念奴為冠。歌罷，眾皆諮嗟稱賞。名士忽指李曰：「請表弟歌。」眾皆哂，或有怒者。及轉喉發聲，歌一曲，眾皆涕下，羅拜曰：「此李八郎也。」自後鄭、衛之聲日熾，流靡之變日煩，已有〈菩薩蠻〉、〈春光好〉、〈莎雞子〉、〈更漏子〉、〈浣溪沙〉、〈夢江南〉、〈漁夫〉等詞，不可遍舉。五代干戈，四海瓜分豆剖，斯文道熄。獨江南李氏君臣尚文雅，故有「小樓吹徹玉笙寒」、「吹皺一池春水」之詞。語雖奇甚，所謂「亡國之音哀以思」也。逮至本朝，禮樂文武大備。又涵養百餘年，始有柳屯田永者，變舊聲作新聲，出《樂章集》，大得聲稱於世。雖協音律，而詞語塵下。又有張子野、宋子京兄弟，沈唐、元絳、晁次膺輩繼出，雖時時有妙語，而破碎何足名家。至晏元獻、歐

陽永叔、蘇子瞻，學際天人，作為小歌詞，直如酌蠡水於大海，然皆句讀不葺之詩爾。又往往不協音律者，何邪？蓋詩文分平側，而歌詞分五音，又分五聲，又分六律，又分清濁輕重。且如近世所謂〈聲聲慢〉、〈雨中花〉、〈喜遷鶯〉，既押平聲韻，又押入聲韻。〈玉樓春〉本押平聲韻，又押上、去聲，又押入聲。本押仄聲韻，如押上聲則協，如押入聲，則不可歌矣。王介甫、曾子固文章似西漢，若作一小歌詞，則人必絕倒，不可讀也。乃知詞別是一家，知之者少。後晏叔原、賀方回、秦少游、黃魯直出，始能知之。又晏苦無鋪敘，賀苦少典重，秦即專主情致，而少故實。譬如貧家美女，雖極妍麗豐逸，而終乏富貴態。黃即尚故實而多疵病，譬如良玉有瑕，價自減半矣。

此篇文章，還沒取標題，便送到了晁補之手裡，請他指正。晁補之讀罷，直覺後生可畏，並與自己當初那篇〈評本朝樂章〉一文比對，最終珍藏在一起。而〈詞論〉篇名，則是由後人所加。

她見解獨到，不因是名家，而不敢指摘，也不因某位名家偶爾寫出好的詞作，便忽略音律特點是否規範。她不懼世人冷眼，不怕人們說她狂妄自大，她對學問和詞作是真誠的，只願人們讀出真味，寫出更好的詞作。

政和年間（西元一一一一至一一一八年），政治時局發生了變化。趙明誠的母親郭氏奏請朝廷，請求恢復趙挺之被追奪的司徒之職。司徒之職恢復後，趙明誠的兄長重新走上仕途，他復官之期也將不遠。宋徽宗宣和二年（西元一一二〇年），趙挺之得以沉冤昭雪，趙明誠也已復官，被任命為萊州太守。

一邊是疏風朗月的似水流年和愛妻，一邊是家國天下的滿腔抱負，儘管他早已習慣清靜的生活，只是在仕途面前，他還是選擇了重新上路。這似乎沒什麼不對，每個人的追求不同，他是一個男人，不該留於家中，守著妻子和書卷過活。他該一展抱負，擔負起拯救天下蒼生的責任。

李清照沒有反對，自然也不會支持。他是她的依靠，是她的所有，也因此，更懂得他的理想與追求。愛一個人，不是占為己有，而是成全他。十年，他們朝夕相對，寸步不離，如今，他要走了，除了祝他一路順風，還能說什麼呢？

萊州距青州不遠，若是想他，盼他，可以去看他。只等他安頓下來，他們依舊可以夫妻團聚，分離只是暫時的。在趙明誠看來，離別就是這樣輕描淡寫，畢竟來日方長。既已決定，說什麼都是徒勞，她心裡空空的，悲傷再次爬上眉頭，那黃昏落日也多少有幾分落寞。幸福總是短暫，悲傷卻很漫長，莫怪她又要寫詞了。因著別離，她寫下了〈木蘭花令〉：

沉水香消人悄悄，樓上朝來寒料峭。春生南浦水微波，雪滿東山風未掃。
金尊莫訴連壺倒，捲起重簾留晚照。為君欲去更憑欄，人意不如山色好。

要經歷幾次別離，人在送別時，才能學會不悲傷？怕是學不會了，與至親至愛的人分離，只能獨自吞嚥心中的淚。望著他漸行漸遠的身影，只覺他孤單無依，怕沒她的日子，他冷暖不知，也怕他，忘記了她。

在那個春寒料峭的早上，她從夢中醒來，發現燃了一夜的沉香只剩下冰冷的灰燼，再無暖意。人世諸多事，不過如此，燃燒過、愛過、幸福過之後，只剩下一地冰涼。他要走了，她去送他，悄悄地，像是平常一樣。

南浦上的春水泛起柔光，東山上的梨花風還來不及打掃，你看，依舊是個平常美好的日子，可是，今日這番景緻卻為離別而設，只能倍增惆悵。春水柔波冷冷光，花落東山朵朵寒，再美的春光也留不住他，她的心縱是有萬般柔情，也涼了。

東山，並非普通的山。東晉名士謝安隱居在此後，便成了隱逸出塵的象徵。謝安在東山遊樂，朝廷屢次降任而不肯出山做官，後來，中丞高崧對他開玩笑地說，還是出山吧，蒼生都盼你「東山再起」。謝安雖奉命出山，不過身在官場，卻活得像個隱士。閱書既靜，了無喜色；淡然看奏報，不喜形於色；氣度蕭散，直到圍棋下完。李清照欣賞謝安的赤子情懷，她自是希望趙明誠步入官場後，也能不被世事牽絆。

可是，他能做到嗎？她想，應是做不到，如若做得到，又何必遠行。離別後，她喝了酒，喝得醉倒，睡了許久也不消殘酒。等她醒來，已是黃昏，可惜了一整日的大好時光，今天是他走的日子啊，她捲起重簾，留住這夕陽晚照也是好的。

他離開了，她日後定會一次次憑欄遠眺，盼她的如意郎君回來。「落日鄉音杳，秋空望眼穿」，他還是不回來。又是暮色將近，山色夕陽餘暉普照，比她的心還要暖，還盡如人意。她的青州歲月結束了，再不會回來。有時想想，她登上憑欄，望眼欲穿，望的又如何不是她的這段煙火歲月？有些事，一旦錯過，便再也回不去了。

她不能忘記，宋徽宗政和四年（西元一一一四年）秋天，趙明誠在「易安居士三十一歲小像」上的題詞，詞曰：「清麗其詞，端莊其品，歸去來兮，真堪偕隱。」他清麗端莊的妻，品格淡泊的知音，他的神仙伴侶易安居士，就這樣被他拋下了。

一個人，要多優秀才能被捧在手裡，不被拋棄？不，不是的，你再優秀，遇到不對的人，仍然不會被珍惜。懂得珍惜的人，縱然你不夠優秀也依舊願意與你朝夕相伴，不離不棄。人的一生，自始至終都該尋找那個對的人，他可能不夠富貴，也許沒有潘安之貌，或者不懂風情浪漫，但是，只要他有一顆日夜相守的心，就夠了。

## 舊愁添新愁：詩中寄意的傷痛

人生在世，難免被荊棘所傷，被寂寞吞噬。縱然你心不甘，情不願，只要命運一揮手，仍要陷入它所布置的局裡。佛說，回頭是岸，可回到哪裡才是岸邊？更何況，沒人願意回頭，人們更願往前看，往前走。時間大輪一直向前推進，沒人能回到過去，唯一能回到過去的，是自己的心。你看，人老了，牙掉了，身體縮了，頭腦越來越迷糊，好似又回到了嬰兒初生的狀態。「身體」可以回去，那麼，這心呢，卻是回不去了。

趙明誠離開了，李清照變得慵懶起來，除了寂寥，便是思念。她不再朝氣蓬勃，每日去「歸來堂」讀書作畫了，大多時候，一人靜數時光，或者乾脆睡去。她心境不好，需要排遣，開始賦詩飲酒。她以為，此酒定能消愁，只是借酒澆愁愁更愁，只能寫下一闋闋詞作。不知不覺，翩然落筆，〈點絳唇〉就成了佳作：

寂寞深閨，柔腸一寸愁千縷。惜春春去，幾點催花雨。

倚遍闌干，只是無情緒。人何處，連天衰草，望斷歸來路。

她依舊在等人歸，等趙明誠回鄉看她。等待，是最寂寞的事，之前她吃了太多相思之苦，沒想到，她現在又嘗到了思念一個人的滋味。愛上一個人，便再也放不下，再也不能回去了。她沒有後悔，只想熬下去，熬到他接她去萊州。

之前，她的相思是「一種相思，兩處閒愁」，是「簾捲西風，人比黃花瘦」，如今，是「柔腸一寸愁千縷」，那思念，比兩處閒愁，比人比黃花瘦更甚。這種感覺令人窒息，那寸寸柔腸纏繞著千絲萬縷的愁絲，真是苦不堪言。

青春易逝，如同這大好春光，很是短暫，說沒就沒，也如同那嬌豔的花，經受不起風雨摧殘，可她這最好的青春年華，卻是在等待中度過的，真是令人心痛。無人珍惜她，連時光也是，她很無奈，只能這樣無辜消耗，只能被他無情拋下。可是，她沒恨過，他的「無情」她懂，遠方的他，也定是不願與她分開的吧。

每次相思成疾，她便登高遠眺，好像只要這樣，就能與他共呼共吸，彷彿命運也能連線在一起。可惜，這只是她的幻想，說不定他早就忘了她，不然，她闌干都倚得發亮，他怎麼還不歸來？

等得久了，也便成了習慣，再無情緒。心裡空落落的，彷彿被誰剜走，悲愁也淡了。眺望也成了習慣，她沒得選擇，只願將自己交給命運，希望老天能被她的痴情打動，直到目力所及之處，枯草連天，望斷歸來路。

對於趙明誠，李清照是他生活的一部分。他有國事，有百姓，有情趣喜好，新朋舊友。對於李清照，她只有他，他是她的全部，那琴棋書畫詩酒茶，只有有了他才變得有意義。莫怪女子痴情，實在是舊時女子選擇有限。

他遲遲不歸，李清照不能不多心。他是男子，長久沒有妻子的陪伴，忠誠便要接受考驗。古代男子可以三妻四妾，可以尋花問柳，也可以包養名妓，遠方的他，怕是早已變了心腸。她的心腸千千結，每一結都有他，他的心腸怕是結下了其他美貌女子，真是「從今又添，一段新愁」。李清照有說不出來的難過，欲說還休，在舊愁添新愁的時候，她寫下了非常知名的一闋詞——〈鳳凰臺上憶吹簫〉：

香冷金猊，被翻紅浪，起來慵自梳頭。任寶奩塵滿，日上簾鉤。生怕離懷別苦，多少事、欲說還休。新來瘦，非干病酒，不是悲秋。

休休！這回去也，千萬遍陽關，也則難留。念武陵人遠，煙鎖秦樓。唯有樓前流水，應念我、終日凝眸。凝眸處，從今又添，一段新愁。

趙明誠外出做官，李清照有太多不捨，孤寂難安的心境他不是不懂。可是，他卻沒有帶她走。丈夫走馬上任，一般可以攜帶家眷前往，他們明明可以像蕭史、弄玉那般雙宿雙飛，他卻把她留在青州。此般選擇，她如何能不多想？

她什麼也不想了，不管了，任憑被子皺作一團。日上三竿起床，起床後不再梳妝打扮。她裝扮給誰看呢？不過是孤芳自賞，徒增悲傷。他走了多久了？或許連她都忘了，只見寶奩上落滿塵土，令人灰心。

她坐到鏡子前，看到自己又瘦了，不由得哀愁起來。她常常說，最怕離別苦，可她卻有比離別更苦的事壓在心頭，那件事，她說不出口。她怕人誤解，又解釋說，令她消瘦的事，並非醉酒，也不是悲秋，可到底是什麼呢？話到嘴邊，硬生生地吞了下去。「休休！」罷了罷了，就不說了罷。

她想過跟他走，為了留住他，她即使吟唱千萬遍〈陽關曲〉，也留不住他的人，也不能改變他不帶她走的事實。他為何這般決絕，這般無情無義，走得義無反顧？這就不得不說一說，那令人「欲說還休」的事了。

「武陵人遠」，是一個典故。「武陵」，原指「武陵源」，出自陶潛的〈桃花源記〉，講的是晉太元中武陵郡漁人誤入桃花源的故事。因此，「桃花源」又稱「武陵源」。而「武陵源」，與「桃花」相關，是因為它來自南朝齊義慶所著的《幽明錄》中講的神話故事。

相傳，漢朝時期，劉晨、阮肇二人入天山臺採藥，途中卻迷了路，遇到兩位仙女，並與她們一起生活了半年之久。等他們返回家時，才發現人世間已經過了六世。

接著，李清照還說了一個典故，「煙鎖秦樓」。這是《列仙傳拾遺》裡的故事。在秦穆公時，有位叫蕭史的人擅長吹簫，秦穆公有女弄玉，將她許配給了蕭史。蕭史和弄玉共居秦樓十年，有一日，他們作鳳凰之鳴，果真招來鳳凰，便隨鳳比翼飛升。

李清照與趙明誠屏居十年，換來的是他獨自一人離去，她心中離愁，如同樓前流水不肯停歇，她的郎君也如同這流水，在她身邊停留之後，便又匆匆而去。她在凝望流水時，才平添了這新愁，便是「武陵遠人」的故事。她怕，怕他因遇到「仙女」才不肯回家，怕他回家時，她已紅顏老矣。

「多少事、欲說還休」，她說不出口的事，還是說出來了。她想說，無人訴說，在宋朝那個可以納妾的年代，她的擔心只會被旁人恥笑，是找不到知音的。為此，只能寫下詞作，打發心中寂寥，慰藉自己。

「從今又添，一段新愁」，新愁剛剛添完，她的愁又來了。詞寫至此，腸中愁豈止千結，萬結也應有了。可那更新的愁又是什麼呢？她說不上來，只能「欲說還休」。

## ●萬千心事難寄：無處安放的愁緒

人的心，都是在等待中變冷的。不是原本無情，是太過多情，最終傷了自己，只好再不動情。李清照不是一個鐵石心腸的人，她在等待中，心腸愁了，苦了，醉痛了，卻唯獨不願冷了。她被那情，弄得迷失路途，弄得狼狽不堪，可即使如此，依舊不願放手。她心腸柔軟，情字掛滿心懷，可他留給她的，只有背影。

宋徽宗宣和三年（西元一一二一年）八月，李清照終於盼來了他的消息。他要接她去萊州，與她再續煙塵生活。她自是歡喜，按捺不住重逢的喜悅，只想儘早趕去，與他相逢。途經昌樂驛館時，她提筆寫下了〈蝶戀花〉：

淚溼羅衣脂粉滿，四疊陽關，唱到千千遍。人道山長山又斷，蕭蕭微雨聞孤館。
惜別傷離方寸亂，忘了臨行，酒盞深和淺。好把音書憑過雁，東萊不似蓬萊遠。

重逢，也意味著離別。自趙明誠走後，這些年陪伴她的，是她的好姐妹。如今，她要走了，便要與姐妹們別離，她再次傷感起來。她在昌樂時，回憶起姐妹們送別她時的情景，哭花了脂粉，打溼了衣衫。她們是女人，如此感性多情，不似與男人別離，只能將眼淚吞進肚腹。

〈陽關〉，一首離別之曲，她們唱了又唱，唱了千千遍，還是不願她走。她哭了，不僅為了離別，也為了自己未卜的前程。她不知，他還是不是當初的趙明誠，更不知，他的身邊是否有了其他女子。

她們送別她時，也是望斷了遠山，直到她消失在山的另一邊，再也看不見。突然，下起了瀟瀟雨，有些涼，有些冷。天色暗了，走了許久，才看到一個孤館。她在孤館中安頓下來，惜別的情景再次出現在她的腦海中，讓她亂了方寸，以至於忘記臨行時，到底喝了多少酒。她們叮嚀囑咐，舉著杯，一盞又一盞，深深淺淺，不知道喝了多少杯，說了多少話。不知不覺，都醉了。

雖說是離別之酒，可這醉只有她知道，她怕他變了心，那拳頭大小的地方再無她的位置。她亂了方寸，只好借酒澆愁。她再一次，不能說，欲說還休。最後，她想了想，囑咐姐妹們，多寫信吧，東萊不像蓬萊那麼遠，她們總不會斷了姐妹情義。

她不似趙明誠，更不做「武陵人遠」，去了「仙境」，便忘記故鄉的好友。在這裡，她對趙明誠是有怨氣的，她寫信給他，千封萬封都石沉大海，隻字不回，她此番前去，真的能再續前緣嗎？

心雖歡喜，卻再添新愁。她的愁，並非子虛烏有，也並非空穴來風。分居兩三年，他對她漸漸冷淡，她感覺得到。有些情，分開就斷了，淡了，她無力改變，只能聽從他的安排。他讓她來，她來了，縱使千里，也會一路風塵僕僕，奔赴他處。

他們相見的場景，不得而知，她定是歡喜得要哭出來吧。那麼他呢，是否一解他的相思之苦？許是沒有，不然，李清照也不會到達萊州後，寫下〈感懷〉這首詩，在詩前，還寫下了一段小序：「宣和辛丑八月十日到萊，獨坐一室，平生所見，皆不在目前。几上有《禮韻》，因信手開之，約以所開為韻作詩。偶得『子』字，因以為韻，作感懷詩。」

她到達萊州後，並未夫妻情深，趙明誠依舊給了她大把寂寞時光。她獨自一人坐在房間裡，青州有滿屋書籍、金石字畫，這裡卻什麼都沒有。茶几上放了一本《禮部韻略》，她閒著無聊，信手翻開一處，以所見「子」字為韻，隨手寫下〈感懷〉這首詩：

寒窗敗几無書史，公路可憐合至此。
青州從事孔方兄，終日紛紛喜生事。
作詩謝絕聊閉門，燕寢凝香有佳思。
靜中吾乃得至交，烏有先生子虛子。

李清照來到萊州，這裡與青州大不一樣。屋子裡，窗戶殘破，桌椅陳舊，腐氣也從時光深處跑出來，擾弄著她的心緒。房間裡，沒有書，沒有字畫，她真是可憐至極，到底是何原因令她淪落至此？

想起三國時，袁術走投無路，兵敗慘死，實在悽清悲涼，孤單可憐。當下，她的境況與袁術有何區別？真叫人黯然神傷。

之所以淪落至此，還不是因為人們羨慕美酒佳釀、追求榮華富貴，終日為了功名利祿奔波紅塵，為煩瑣雜務四處鑽營，才讓自己變成這樣的嗎？她的趙明誠放棄了淡然自在的鄉村生活，來到這破敗淒涼之地，為雜亂瑣事四處奔波，所以才剩下她一個人。

趙明誠不在，許是去應酬，許是去了風月場所，不得而知。總之，屋子裡只剩下她一個人，冷冷清清，百無聊賴，毫無心情。她不願陪他去應酬，只想關起門來，孤單地坐著，寫寫詩，排遣內心的寂寞。

她說，她並不寂寞，她有朋友，一個是子虛先生，一個是烏有先生，兩個先生合起來，便是子虛烏有，還是什麼也沒有。

李清照寫慣相思，寫透離愁，卻第一次抱怨起趙明誠來。她心情沉重，不吐不快，埋怨起人來，也毫不留情。她昔日的情去了哪裡？

李清照見不到趙明誠思念他，是因為相信他對她有愛；見到他，他留她一人黯然神傷，便是負了心？她已三十八歲，大好年華不在，丈夫終日忙於公務，她如何能不多心？她的一生，所求不多，不過是：「食去重肉，衣去重採，首無明珠、翡翠之飾，室無塗金、刺繡之具。」她無須大魚大肉，也不用大紅大紫，更不需要珠光寶氣，雕梁畫棟，她只要他，與他在一起，志趣相投，窮困一些也甘心情願。

曾經，他懂她，如今，卻是不懂了。她埋怨他忙於公務，無法陪伴自己。她千里迢迢趕來，不是為了繼續獨守空房。原來，她即使來到他身邊，他們的感情還是遠了。她不怕相思，不怕愁腸百結，這都沒關係，只要他還愛著她。她怕的是，她臨行前擔心的事還是發生了。如何不怕？這比相思更令人痛心。

這世間什麼最重要？在她看來，是夫妻情深；在他看來，再深的情，都不如有個子嗣。痛了，李清照的心被戳痛了，「子嗣」二字，是她的軟肋。他們在一起近二十年，確實該有後代，可是沒有。因為這一缺陷，她只能委曲求全，萬般忍耐，在無他的夜晚，坐穿黑夜。

人嘛，終究是現實的。縱使他欣賞她，愛她，也不能改變現實。

回想當年，他寧可編造夢境，也要娶她為妻，如今，她還是他的知音，還是他的神仙伴侶，卻狠心把她拋下了。子嗣比她重要，他從不說這樣的話，可他已用行動證明。

他在愛裡，不說這件事，給她留了尊嚴。可是，她並不想要這樣的尊嚴，只想去問清楚，她還是不是他心尖上的人。

欲說還休！開不了口。

## 終是辜負：人事已非的遺憾

從古至今，才子佳人的情愛故事多辜負。古有卓文君、崔鶯鶯，今有張愛玲、于鳳至，她們懂男人，愛男人，在一次次成全中，將自己推入險境。可是，不成全他們的想法，就能將他們永遠留在自己身邊嗎？她們不傻，不是不懂撒嬌訴苦，就能獲得他們的憐愛、不捨不離，只是，這樣的挽留，不是她們想要的。她們除了陪伴，更需懂得。

當他懂她時，她也要懂他，成全他。

趙明誠來到萊州初期，心心念的依舊是金石之學，在他看來，這項事業還未完成，需要他傾盡全力。隨著公務越來越多，金石之學逐漸落下，直到李清照來到萊州，才與她再次開啟了學問的研究。

趙明誠當然沒有第一時間與李清照夫唱婦隨。卓文君一首〈怨郎詩〉能喚回她的夫君，李清照來到萊州後寫下的〈蝶戀花〉和〈感懷〉，也打動了趙明誠。他被她的才華折服，也讀懂了她內心的悽苦，沒多久，他再次變成一位好夫君。

李清照不再寂寞，他每天公幹完，便回到東萊靜治堂，與她一起校勘詩書，裝裱成冊，並放好書籤。三十多年後，李清照再看此書，彷彿還能看到他夜夜操勞的身影，那流下的汗水，氣味依舊如昨。

在萊州，趙明誠做了三年知州，在金石方面，亦有功傳千秋之志。是她對學問的追求再次喚醒他，使他明白當官只能功成一世，未必能世世代代獲益，但對學問的建樹卻可功成千秋。擔任太守期滿後，趙明誠和李清照來到淄州擔任知州，這段時間，李清照和趙明誠和好如初，過起了她想要的舉案齊眉、夫妻情深的生活。

趙明誠初來乍到，前去探訪當地居民。他來到一個叫做邢氏村的地方，在這個村子裡，有一位叫邢有嘉的人。他看趙明誠性情純樸，又是讀書人，便取出自家所藏的白居易手書《楞嚴經》讓趙明誠欣賞。趙明誠見到此手書欣喜若狂、激動萬分，只想找到知音，與他一起分享書畫之樂。

他立即飛奔回家，將此手跡拿給李清照看，與她一起品鑑、欣賞。白居易是唐代詩人，也是一位有佛教造詣的居士，能親眼見到他的手跡文書，真是難得的機會。這部白居易手書，共一百篇，三百九十七行，是《楞嚴經》第九卷的後半段。他們一同品賞手跡，二更天也不肯睡去。她和他，一邊賞書，一邊淺酌品茗，真是快樂至極。蠟燭燃了一支又一支，已是午夜時分，仍是意猶未盡。

據說，他們喝的茶也不一般，是名貴的小龍鳳團茶。此茶是宋代四大書法家之一蔡襄在福建做官時改製成的，是向皇帝進貢的貢品。在蔡襄所著的《茶錄》中，歐陽脩寫了〈後序〉，專門介紹了此茶：

茶為物之至精，而小團又其精者，錄序所謂上品龍茶者是也。蓋自君謨始造而歲貢焉。仁宗尤所珍惜，雖輔相之臣，未嘗輒賜。唯南郊大禮致齋之夕，中書、樞密院各四人共賜一餅，宮人翦金紙為龍鳳花草貼其上，兩府八家分割以歸，不敢碾試，相家藏以為寶，時有佳客，出而傳玩爾。

此茶珍貴無比，雖為宰相也不輕易賞賜，只有在每年南郊祭天地的大禮中，中書、樞密院各四人共賜一餅。八位大臣一餅茶，每餅茶一斤重（宋代一斤約現代十六兩），每人不過分得二兩。因為此茶貴重稀有，大臣們帶回家後，也不會立即品飲，而是當作傳家寶般珍藏起來，只有貴客來訪時，才會拿出供客人觀賞。

李清照和趙明誠更重生活情趣，好物、好書、好茶，自要欣賞把玩、品飲品嘗過，才算過癮。好不容易欣賞珍貴文物，此時不喝杯好茶更待何時？人生得一知己不易，若是換了旁人，定要將茶品供奉起來，以作傳家。她是李清照，他是趙明誠，他們不重錢財外物，更重生活情趣，而情趣難道不是好好地享受當下嗎？

也或許，只有李清照可以這樣自在坦然。她無子嗣，亦無須為子女打算，所以才能這般即時享樂。倘若，她有子嗣，雖不一定為子嗣謀劃前途，怕也會為他留下點精神享受吧？那書，那畫，那金石碑刻，以及這珍貴的茶，她又怎會只顧與趙明誠獨享？

他愛她，欣賞她，視她為知音，這些她都懂。可是，有些事難以啟齒，不是只有愛情便能解決，也不是有了愛，就能改變趙明誠，不再求子嗣後代。是的，趙明誠有妾室，不止李清照一位佳人。

李清照在《金石錄·後序》中記述了趙明誠去世時的情景：「取筆作詩，絕筆而終，殊無分香賣履之意。」「分香賣履」一詞，出自曹操的〈遺令〉：「餘香可分與諸夫人，不命祭。諸舍中無所為，可學作組履賣也。」意思是，將家中部分財產分與諸夫人，並告訴她們，要學會自食其力。而她寫下這段話是想說明，趙明誠與曹操不同，他沒有財產家業可分於其他侍妾。

不孝有三，無後為大，她不能為趙家傳宗接代，自是理虧，所以只能「欲說還休」。她默默寫下埋怨詩句，能喚回趙明誠的心，卻依舊不能改變他納妾的事實。翟耆年在《籀史》中說：「又無子能保其遺餘，每為之嘆息也。」意思是說，趙明誠文物收藏豐富，但卻嘆息無子嗣繼承，可見，他對子嗣的期盼是急切的。

如何能不急切？趙明誠已過不惑之年，身體正在衰退，再晚便來不及了。或許，李清照寫下〈感懷〉不是埋怨他不陪她，而是埋怨他有了其他女子吧。這些年，她嘗盡孤獨與寂寞，寫遍相思與哀愁，他忙於公務的不理，又豈會煩躁生氣呢？一直記得，她從老家章丘回到汴京時，趙明誠忙於仕途，與她相見不相逢，她也盡是感慨，不捨得罵他一句。如今，倒是變了。她懂他的呀，成全他的呀，她能親手將他送上仕途之路，卻不能將他送給別的女人。

「願得一心人，白首不相離」，這是女子的期望，也是李清照的期望。只可惜，她期望落空了。她不能說，說出來就不是知音了。

他自是覺得沒錯，他還愛她，縱使那些女子年輕貌美，窈窕俊俏，她在他心中的位置，其他女子是不能比的。她要他的心，這心不是還在嗎？

不，不是的，這種感覺，男子不會懂，永遠不會。可能在他看來心還在，只是有些事，一旦越軌，就什麼都不在了。

# 第五章 江南舊夢：歲月不堪回首

她最怕孤獨，他將孤獨留給她。她沉默著，似一個異鄉人，只在淄州做暫居的客旅。她一心回到青州，回到那段安穩的清簡歲月。可是，回不去了，不是趙明誠不肯，是大宋江山不保，金兵來勢洶洶，他們不得不南渡。

國不在，家又能安於何處？他們一路走，一路回頭看「家」的方向，他們一直以為，總有一天能回到故里。但天不遂人願，李清照離開青州後，因整理書籍字畫，隻身一人在青州住過一年，此後，她再也沒回去過。

## 江山不在．．亂世飄零的無助

這紅塵中，只有短暫的平靜，絕無永久的太平。世事亂象叢生，你爭我鬥，你死我活，個人的力量太過渺小，生死也不由得自己做主。多少人的生命，葬送於幾個人的欲望之中，多少傷春悲秋的故事，因世事變遷成為遺憾。金戈鐵馬、血洗河山，有人倒下，有人站起來，還有人，凋落無聲。

北宋時期，重文輕武，採取強幹弱枝政策，加之黨爭一直存在，造成了內憂，使國力積弱不振。遼、西夏以及金國，與北宋常年對峙，使得北宋不得不進貢金帛歲幣來維持短暫的和平。北宋無力，金國不斷強大，為了暫保江山，北宋不得不與金國訂立同盟，合力攻打遼國。可惜，在黨爭中，能才幹將已被絆倒，導致北宋軍隊將領昏瞶、軍紀渙散，在與遼軍交戰中，使金國起了越軌之心。

宋徽宗宣和七年（西元一一二五年），金兵大舉南下，直取北宋國都汴京，宋徽宗被驚得六神無主，慌亂中將皇位傳於宋欽宗，一時間汴京暫時得以保全。宋欽宗靖康元年（西元一一二六年）八月，金兵再次攻打汴京，直到閏十一月，汴京陷落。靖康二年（西元一一二七年）二月，金人廢黜宋徽宗、宋欽宗，北宋滅亡。

廟堂之上，人人自危，宋徽宗需要的死義之士再也沒有。曾經因為盛世太平，多少人醉生夢死，你爭我奪，在一次次算計中，被陷進更大的算計裡。烽火連城，刀劍飲血，多少無辜生命，在個人欲望中喪生。

那些剛正不阿、忠肝義膽、忠言逆耳的「死硬分子」，有時不肯聽從王朝天子之命，國家敗亡時也自不會臣服於金人刀下。相反，諂媚佞人卻時時準備跪於權勢之下，稱臣謝罪。可惜，人性向來喜歡順從、服從，不喜忠言逆耳、好言相勸，也因此，落得奸詐之人當道的結局。

後宮嬪妃、宗室婦女、名門閨秀、倡優僧道、技藝百工，全部淪為金人戰利品，或降為奴隸，或淪為奴婢，選為秀女，或被迫開墾荒田。因一人或幾個人的過錯，卻要犧牲萬千性命，這些百姓又何錯之有？

自1119年至1125年，趙明誠先後在萊、淄二州任職，這些年的生活，李清照在《金石錄·後序》中寫道：「後屏居鄉里十年，仰取俯拾，衣食有餘。連守兩郡，竭其俸入以事鉛槧。每獲一書，即同共勘校，整集籤題。得書畫彝鼎，亦摩玩舒捲，指摘疵病，夜盡一燭為率。故能紙札精緻，字畫完整，冠諸收書家。」

他們離開京城，便極少再問世事。縱然金兵攻下汴京，夫妻二人依舊在為金石之物忙碌著。當汴京失守，北宋戰敗，李清照才從夢中驚醒，原來外面已是另一番天地。事實上，趙明誠在官場做官，又豈能只顧自身安危？宋、金交戰時，散兵遊勇常常擾亂民生，聚眾滋事，趙明誠不得不維護淄州境內的安全，還因此官升一等。

聽聞金兵攻下汴京，李清照一片茫然，不知如何是好。她在《金石錄·後序》中寫道：「聞金寇犯京師，四顧茫然，盈箱溢篋，且戀戀，且悵悵，知其必不為己物矣。」國家敗落，他們這個小家又如何能保得住？戰端一起，他們四處逃命，夫妻二人幾十年收集、整理的文物金石字畫，又將會流落何方？她不得不擔心，不悵然若失。在國家危難之際，她一介女流，做不得什麼。唯有將此情懷化為詞作，好紓解她內心的惆悵。這一時期，她寫下了〈新荷葉〉：

薄露初零，長宵共、永晝分停。繞水樓臺，高聳萬丈蓬瀛。芝蘭為壽，相輝映、簪笏盈庭。花柔玉淨，捧觴別有娉婷。

鶴瘦松青，精神與、秋月爭明。德行文章，素馳日下聲名。東山高蹈，雖卿相、不足為榮。安石須起，要蘇天下蒼生。

〈新荷葉〉是一首壽詞。壽詞多為歌功頌德、虛與委蛇之用。她在這首詞中，表露的想法更為懇切。

薄露初零，秋高氣爽，壽主生於秋分之際，真是個吉祥的好日子。分停，意為晝夜平分，各十二小時。

蓬瀛是神話傳說中的神山，居住於此山的多是長生不老的神仙。壽主所住之地繞水樓臺，如同神山蓬瀛。能居此地的人，多半氣勢不凡，可見壽主並非普通人。

芝蘭，寓意為品行如同芝蘭玉樹般。來為壽主祝壽的人，多半品行端正，又是朝中名望之士，人多得擠滿了庭堂。壽主為了答謝賓客，請歌舞侍女表演，她們個個嬌豔柔美，娉婷多姿，勝似仙女。

壽主的精神可與秋月爭明，有著很深的修養。德行文章，才華橫溢，馳名於京城，令人欽佩。只是，這位壽主去東山做了隱士，頗有謝安的風範與氣質，就算是為卿為相者，也是不能比擬的。

安石，即謝安，東山隱士。他幾次抗旨，不肯出來做官，蒼生都盼他「東山再起」，他才出來做官。壽主做了隱士，她希望這位壽主如同謝安一般，能為救天下蒼生而出山。

李清照為國家深深擔憂，舉國上下，滿朝文武百官，竟無一人能擔起此任，只怕這國要滅亡啊。她之所以寫下這位壽主，便是知道，北宋已無這樣修養德行之人，只是，她還是期望著萬分之一，萬一深山老林出來一位這樣的隱士呢？

靖康二年（西元一一二七年）三月，宋徽宗和宋欽宗成為金人階下囚，北宋歷史徹底畫上句號。兩個月後，康王趙構在南京應天府即位，是為宋高宗，改元建炎，南宋皇朝建立。

故國破碎，山河不在，她期望的隱士並未出現。很多事，並不以個人意志為轉移，如果可以，宋徽宗的意志便可保家衛國。事實上，宋徽宗和宋欽宗在偏僻的五國城內聊慘此生，所受屈辱並不比普通百姓少。

宋徽宗為自己的錯誤付出了慘重的代價，一點也不可惜。令李清照痛心的是，那些無辜百姓，今後凌亂的歲月，該怎樣度過？當然，還有她的繁華舊夢，品鑑金石書畫的日子，再也不會回來了。

## 返青理家：落寞中的堅守

道家大師張三丰早就說過：「樹是有根的人，人是無根的樹。」我們自一出生，便如同浮萍，注定漂泊一生。只可惜，人更渴望安定，為了獲得這份安寧焦慮一生。真的沒有安穩之日嗎？為了一屋，一粥，一名一利，隨波逐流，怎麼可能尋得到安穩？不過是，人隨境轉，心隨身搖。真正的安穩，從來不是別人給的，也不在一屋一粥中，而在一個人的心裡。心有所安，有所住，哪都是家，都是容身之處。

狼煙四起，滿目瘡痍，個人命運垂死一線，又如何顧得了那許多？人們在倉皇中逃命，李清照在亂世中，焦慮龐大的金石文物該安放於何處。與個人性命相比，她花費了半生心血的金石文物更為貴重。

許是老天眷顧，許是故國破碎，惹得人們再沒了活下去的勇氣，總之，趙明誠的母親在此時去世了。這給了他們機會。按照禮法，趙明誠應立即南下金陵（江寧），回鄉奔喪。當然，李清照也必一同前往，但為了運輸文物，李清照隨後夜以繼日趕回青州，只願能將青州老家的文物運往江寧，不被戰事毀壞。她在《金石錄．後序》中寫道：「建炎丁未春三月，奔太夫人喪南來。既長物不能盡載，乃先去書之重大印本者，又去畫之多幅者，又去古器之無款識者，後又去書之監本者，畫之平常者，器之重大者。凡屢減去，尚載書十五車。至東海，連艫渡淮，又渡江，至建康。青州故第，尚鎖書冊什物，用屋十餘間，冀望來春再備船載之。十二月，金人陷青州，凡所謂十餘屋者，已皆為煨燼矣。」

她和趙明誠將文物捨來捨去，選出來要帶走的文物還是有十五車之多。她回到青州，留在青州的文物占了十幾間屋子，只得等她慢慢挑選。本來，殯葬完母親，趙明誠想回到青州，與李清照一同挑選文物運至江寧，但沒多久便發生了「青州兵變」，清運和挑選的工作，落在了李清照一個人身上。

青州老宅，家大業大，李清照和趙明誠曾以為榮，今卻犯了難。那一屋又一屋的書籍金石碑刻，哪一件都傾注了他們的心血，怎捨得丟下？她只能將重大的、某位畫家收集的畫作多的、古器無留款的，以及畫得平常的……一一捨去。

之前整理文物，是一件件往家中搬運，這次卻要與它們一一告別。人無負累，才能輕裝上陣，李清照背負了太多文物，這次離開，她的心情沉重到極點。好在，她還能與它們相處一段時間，等到來年開春再走水路運送。時間向來不等人，戰事也不會因為你要收集文物，便給你整理的時間。建炎元年（西元一一二七年）十二月，青州發生戰亂，李清照將趙明誠最為珍視的〈趙氏神妙帖〉藏在身上，匆匆逃離了青州。至於那十餘屋文物，只能狠心丟下，它們的命運，她交給了老天。

這次，老天並沒有眷顧這些文物，青州攻陷，文物焚燒殆盡。她一直以為，是金人攻陷青州，事實上，這是南宋初期地方上的一次兵變，它不是「青州之變」，趙明誠稱之為「西兵之變」。不管他們如何，且戀戀，且悵悵，那些古物都已不在。珍愛了半生的家當，被戰火化為灰燼，燒掉的不是物，是他們的心。李清照在去江寧的路上，寫下了〈菩薩蠻〉：

歸鴻聲斷殘雲碧，背窗雪落爐煙直。燭底鳳釵明，釵頭人勝輕。角聲催曉漏，曙色回牛斗。春意看花難，西風留舊寒。

李清照在外逃難，在異鄉漂泊，令她思念家鄉，憂心起家國命運來。此時的她已四十多歲，沒了文物的精神寄託，大有脫胎換骨之勢。她的〈菩薩蠻〉不再悲戚憂傷，在心境上有了一份宏闊。

薄暮時分，有幾朵殘雲掛在天際，留戀著不肯離去。放眼望去，無邊無際的天空中，有點點歸鴻，伴著淒厲的叫聲遠去。這隻大雁，是跟她從青州一同飛來的嗎？此時的北方，該是天寒地凍了吧。她眺望著北方的方向，想著不能歸去的故鄉，只覺得一陣陣淒涼。

她不忍再看，越看心越痛，只好回屋。屋內爐煙裊裊，傳來陣陣暖意，將背窗的雪融化了。看著窗外的天色漸漸變黑，她的心底莫名惆悵起來。那黑夜，似乎要將她吞噬，她一人在屋內守著燭光，只覺得無助無力。

屋內是寂靜的，只有燭光在閃動著，那鳳釵也似乎明亮了，釵頭貼著的人勝輕輕搖了一下。巨大的黑暗想要吞噬一個人，人又能做何掙扎？如同在家國命運面前，個人的力量太薄弱了。她躲在屋內，聽著外面的喧囂，伴著樂聲歡笑，好似那些人唱斷了她回家的路。

故鄉，她越走越遠，怕是再也回不去了。

就這樣，她再次聽到號角聲，催著更漏。天漸漸亮了，牛斗星隱約在曙光中慢慢消失。那戰火的氣息，一聲聲的號角，令她膽寒，心縮成了一團。春天將近，她卻沒開心多少。往年春天臨近，都是賞花的好時光，今年春天，怕是再無賞花的興致了。初春，往往乍暖還寒，那寒濃得散不掉。不信你看，那西風並未離去，還留著舊年的寒氣呢。

從黃昏坐到朝陽升起，她一夜無眠，聽著號角聲，彷彿那夜的她，被戰火洗禮，淹沒在那黑茫茫的深夜裡。回想起那十餘屋文物，它們也定是燒了一天一夜吧，或許更久，不得而知了。她可以等來黎明，而她勞神費力所得之物，再也沒了明天。

逃往江寧的路，並不一帆風順。路過鎮江時，遇到叛軍掠奪百姓之物，李清照幾乎喪命。隨身攜帶的文物多被搶走，唯有那幅〈趙氏神妙帖〉，她以其大智大勇才得以保全，沒有落入賊寇之手。她深知，這是趙明誠的心愛之物，縱使丟了性命也不能辜負他的期望。

她這一路，後有兵火，前有「盜賊」，能從青州抵達江寧，也算大難不死。等她抵達江寧，已是建炎二年春天，那時趙明誠已上任江寧太守兼江南東路經制使四五個月。一路顛沛流離，再見丈夫，似乎變了另外一番模樣。四目相對，她有說不出的難過，剎那間，三十年前的回憶歷歷在目，可是，那樣的日子終究是回不去了。

往事不堪回首，提及只有心痛。她回青州理家，本是為了運送文物，無奈她辜負了丈夫所託，只帶回了蔡襄的〈趙氏神妙帖〉。戰火紛飛，哀鴻遍野，李清照能在亂世中保全性命，已是天大恩惠，趙明誠又如何能索要更多？趙明誠不怪她，恨只恨這世道，這局勢，不給他們留一絲希望。

好在還有〈趙氏神妙帖〉，他已知足了，算是得到了安慰。那夜，他們促膝而談，月光之下，聊起了這一路的不易。雖是良辰美景，卻再不能你儂我儂，那包含相思的話語，也被悲歡離合、山河更換所代替。或許，李清照還說起了在青州的日子，她一邊收拾文物，一邊滿心歡喜，畢竟她要帶走它們。說著說著，或許也落下淚來。這世間事，有多少歡喜，便有多少悲傷。如今，悲傷的時刻到了，此後李清照的人生，顛沛流離，流離失所，再無寧日。

深夜，趙明誠遲遲不肯睡去，藉著燭火，為那幅〈趙氏神妙帖〉寫了跋語：「此帖章氏子售之京師，予以二百千得之。去年秋，西兵之變，予家所資，蕩無遺餘，老妻獨攜此而逃。未幾，江外之盜再掠鎮江，此帖獨存。信其神工妙翰，有物護持也。建炎二年三月十日。」

哪裡是「有物」護持，不過是拚死保全，這是她的信念，也是她的責任，她做到了。那夜，李清照睡著了，有了趙明誠，她終於安心睡去。他是她的心安之處，是她的家之所在，她只願，一覺醒來，那亂世離愁已過去，迎接她的，是朝氣蓬勃的、新的一天。

## 來到江寧：離散之後的棲息地

無論如何，那些雲淡風輕的日子終究是不在了。朝堂之上，錚錚鐵血男兒，一個個被金兵鐵騎嚇破了膽，隨時準備投降，這樣的結局真令人心寒。人生過半，大多事已看透，曾以為不問世事，便可安穩度日。當國家不在，小家再得不到安穩。靖康之變，是大宋的恥辱，李清照身為女子，只覺憂心憤恨。假如，她是這大宋的好男兒，也定要拿起長槍，寧死也要與金兵一戰。此時的李清照不再憂思個人情感，將情懷放到了國家命運上。在她看來，大宋驕縱淫奢、安逸太久，這滿天下的男兒都失了氣節和氣概。這一輸，盡剩窩囊了。

江寧，舊時叫金陵，宋高宗建炎三年（西元一一二九年）五月又改稱為建康。這裡是江南水鄉，景色宜人。煙雨畫廊，小橋流水，原本是詞人的最愛，可在家國命運堪憂的時刻，縱是賞花弄柳的詩人和詞人也沒了興致。

舊時宋朝，四季分明，李清照來到江寧對雪花飛舞的景色十分有興致。她不是要賞雪，而是藉著雪景，去感悟人生悲喜。宋人周在筆記雜史《清波雜誌》卷八中記載說：「頃見易安族人言：『明誠在建康日，易安每值天大雪，即頂笠披蓑，循城遠覽以尋詩。得句，必邀其夫賡和，明誠每苦之也。』」

每次大雪，李清照從不辜負雪中景色，定會披蓑衣，頂著斗笠，站在城樓上遠眺，尋覓詩句。如若有了好靈感，好詩句，必邀請趙明誠唱和，無奈趙明誠詩才不如李清照，只能連連叫苦。其中有一首，叫〈臨江仙〉的詞，便是在踏雪登樓時所作：

庭院深深深幾許？雲窗霧閣常扃。柳梢梅萼漸分明。春歸秣陵樹，人老建康城。

感月吟風多少事，如今老去無成。誰憐憔悴更凋零。試燈無意思，踏雪沒心情。

家國生死存亡，她身為弱女子，既不能運籌帷幄，也不能決勝千里，唯一能做的，便是將此刻的心情記錄下來。她關心國家命運，憂心萬千百姓，也願她的夫君趙明誠能為國盡一份力，為百姓盡一份心。

庭院很深，不知道有多深，那雲窗也緊閉著，硬是被這春天擠開一道縫，鑽了進去。那柳梢上，梅萼裡，有了春的氣息，漸漸舒展得層次分明。秣陵和建康，是南京的古稱。春天好似在秣陵暫時離開，不一會兒又再次歸來。只要時間到了，春天就會回來，不知什麼時間，她才能回到青州，也不知道，她的半生青春，還能否回來。她知道，回不去了，所以漂泊在外，人老建康城。

春天，最適宜吟風賞月，只是如今她已老去，再沒了往日的心情。國家受難，金人如同初春般硬是擠了進來，也因此，他們被「春」擠走了，遠離家鄉，人老建康城，這樣的「春天」，她如何欣賞得了？

沒有人可憐她的憔悴，也無人因她凋零而惋惜。她哪裡是感嘆自己，分明是感嘆這大宋的命運。那些金兵強將，不在乎百姓的命運，也不關心誰會凋零，他們只關注自己的利益。

唐代曹松在〈己亥歲〉中寫道：

澤國江山入戰圖，生民何計樂樵蘇。
憑君莫話封侯事，一將功成萬骨枯。
傳聞一戰百神愁，兩岸強兵過未休。
誰道滄江總無事，近來長共血爭流。

一個將帥的成功犧牲的是成千上萬人的性命。兵荒馬亂、生靈塗炭，縱是她可以回到江寧，那曾經被毀掉的江山、死去的生命，還能回來嗎？

試燈，正月十五是燈節，節前預賞便是試燈。在《武林舊事．元夕》中記載：「禁中自去歲九月賞菊燈之後，迤邐試燈，謂之『預賞』。」民間也是如此，自九月到來年元夕，都要將自家製作的燈拿去挑選、評比，最好的燈才能供元夕所用。

許多人都去試燈了，他們在此時此刻，還能有這般心境，她更覺悲涼。多少人沉浸在短暫的「和平」時刻，不知道明天將有更大的破壞要來。人不是被敵人殺死的，是被自己殺死的。整個大宋朝，豈止文武百官懦弱，這滿天下的百姓，又有幾人能擔起國家大任，願意犧牲小我？

世道艱難，也不忘在夾縫中獨自享樂，她站在城樓上無比痛心。試燈沒意思，踏雪沒心情。春天越來越近，李清照考慮去野外踏青時，趙明誠告訴她，李迥帶著她的族人來到了江寧，欲投奔隨駕居行的李迒。聽到這個消息，李清照寬慰不少，只等族人盡快來到，好為他們接風洗塵。

那段時間，李清照和趙明誠又開始了收集文物的工作。此前，他們收集文物全為個人喜好，後來置辦的金石碑刻越來越多，才有了「傳諸後世好古博雅之士」的志願。如今，家國破碎，戰爭將許多文物毀於一旦，他們再不收集，只怕被毀壞的文物越來越多。

趙明誠官居江寧重鎮郡守，有錢有勢，收集文物不再是一件困難的事，甚至還發生了「仗勢欺人」的事。據《嘉泰會稽志》記載：「此圖（〈蕭翼賺蘭亭圖〉）乃江南李後主故物。周谷以與其同郡人謝伋。伋攜至建康，為郡守趙明誠所借，因不歸。」

謝伋是趙明誠表親之子，他曾攜帶唐代畫家閻立本的作品〈蕭翼賺蘭亭圖〉路過建康，趙明誠看到後借走，便再也沒有歸還。他喜愛文物眾所周知，此前購置不起的文物，欣賞完便完璧歸還。此次，雖為文物考慮，但卻做得有失君子之德。

李清照如何看待此事不得而知，但她一定是痛心的。在殘酷的現實面前，一個人的品格竟如此經不起考驗，她怎能不傷心？她只能試著去接受，接受丈夫的不完美，接受他沒有高尚的隱士風範。這現實，這當下人的品性，為李清照所不齒，滋養了她陽剛的氣概，此後她不再是婉約女子，而是從骨子裡升出一股不讓鬚眉的錚錚傲骨。

活，就要活得有精神，活得慷慨；死，也應當無所畏懼，坦然瀟灑。人貴有一死，只是早晚。死不可懼，懼的是活得如同囚徒。與其如此，不如振作起來，做一個真正有骨氣的人。

## 可憐春似人將老：花落人憔的感傷

人生得意之時，常常忘形，失意之時，又愛呼天怨地。我們時常以為，是老天對不起自己。不然，人為何會自高處跌落，又為何會常陷谷底呢？南宋有一位詩人，做官多年後歸隱山林，歸隱前，他寫下了一首詩：「新築書堂壁未乾，馬蹄催我上長安。兒時只道為官好，老去方知行路難。千里關山千里念，一番風雨一番寒。何如靜坐茅齋下，翠竹蒼梧仔細看。」其實，人生並無得意與失意，只要有看翠竹蒼梧的心境，哪裡都是太平盛世。

李清照渴望真正的有道之士出來救國，可惜，什麼都沒有，沒有一位士大夫能找到這樣的絕世高人。她作詩諷刺當朝士大夫，說：「南渡衣冠少王導，北來消息欠劉琨。」

第一句借用了《世說新語》中的典故。東晉王朝初建時，由北方南渡的士大夫們常會聚在一起飲酒。一次聚會時，士大夫們望著江南風景，不由得思念起北方的家鄉來。落淚難過之時，宰相王導激憤地說：「當共戮力王室，克復神州，何至作楚囚相對泣邪！」與其沉浸於悲傷中，不如振作起來，上馬定乾坤，恢復大好河山，何必學楚國囚徒鍾儀相對哭泣呢？

後一句中的劉琨也是南北朝時北方的愛國志士。晉室南渡後，他積極防禦，成了抗敵的精神支柱。李清照期望南渡的宋朝士大夫，能像王導和劉琨一般，從家國之痛中奮起，為恢復山河做出努力。

她沒等來士大夫救國，卻等來了她的家人。建炎二年（西元一一二八年）三月初三，李清照才到江寧不久，她的家人也來了。在上巳節這日，他們夫妻二人設家宴招待家人。除了趙、李兩族，還邀請了他們的朋友，趙明誠的同僚等，赴宴者有一百多人。

迎來是一件令人高興的事，送往卻令李清照悲傷起來。她很失落，每次出現這種心情，詩詞也便呼之欲出。當晚，她與趙明誠談論了席間所作的〈分得知字韻〉，談論完，趙明誠很快睡去。睡不著的李清照，心境不佳，又以〈上巳召親族〉為題，寫了一首〈蝶戀花〉：

永夜懨懨歡意少，空夢長安，認取長安道。為報今年春色好，花光月影宜相照。
隨意杯盤雖草草，酒美梅酸，恰稱人懷抱。醉莫插花花莫笑，可憐春似人將老。

風雨飄搖，人世飄搖，她的族人，親朋好友都南渡到江南。此時，她夢裡的長安，可安好？夜太漫長，永無止境，也因此她常常做夢。夢裡盡是她的過往，相國寺、趙府、金石碑刻。她認得去長安的道路，夢裡去了卻總是空落落的，始終認為那「長安」不再真實。

年年歲歲花相似，歲歲年年人不同。沒有什麼一成不變，那夢裡的長安，連她的青春，都不復存在了。

還是醒醒吧，夢再好，終究一場空。有人說，今年春色甚好，何必整日哀嘆家國命運，不如活在當下，欣賞這大好春光。花光月影，分外妖嬈，再不欣賞就錯過了。人生錯過的事還少嗎？大事在前，還講個人春光與否，這是國家必敗之象啊。雪崩後，每一片雪花都不認為自己有錯，人也正是如此。

她也勸過自己，應該放下這大情懷，讓自己坦然自若，如同山林中的隱士般，順應自己的命運。隨意喝酒，簡單暢飲，不拘小節，不也是很美好的一天嗎？酒美，梅酸，簡單質樸，恰稱舊人情懷。

她勸服了自己，多喝了幾杯，就這樣醉倒了。她這次醉，不再像在汴京時，頭上插花，讓「郎」「比並」看。如今，那花依舊嬌豔，她卻是老了，她再插花，只能勸他莫笑她天真了。是的，她不再天真，所以不能假裝一切沒發生。她醉了，不是真的想醉，是想聽人勸，假裝欣賞一下這大好春光。可惜，她老了，沒了那份心境。

上巳宴請後，李清照將雪天城樓遠眺時所得的兩聯詩句做了修改，遂寫成了兩副對聯置於客廳几案上，並請趙明誠予以賡和，這首詩，便是那首關於「王導」和「劉琨」的詩：

南渡衣冠少王導，北來消息欠劉琨。
南來尚怯吳江冷，北狩應悲易水寒。

幾日過去，趙明誠並未「和作」，李清照向他詢問，見他有點為難不禁一怔。這首詩後兩句，進一步指責南來的人，不能忘記北方虎口中的宋徽宗和宋欽宗，告誡宋高宗不該為了自己的私利，怕父兄奪回皇位，就拋下父兄一味求和。

她直指當局，趙明誠豈敢「和作」，只能默不作聲。後來李擢等人來訪，其中一位看到詩聯大加稱賞，另一位則不言不語，冷眼以對。趙明誠意識到李清照的詩聯太過敏感，當晚便收進臥室，露出了拒人千里的冷漠面孔。

當今聖上是宋高宗，趙明誠等人為宋高宗當差，如此敏感的詩句出自妻子之手，如果被人知曉，觸怒龍顏，很可能引來殺身之禍。他越來越看不懂李清照，她竟然將他置於如此尷尬的境地。

李清照也看不懂趙明誠了。國家垂危之際，趙明誠絲毫沒有切膚之痛，反而成了懦弱的趙構王朝的執行者，不加以反抗而是低眉順從，她真是傷心至極。只是，不論趙明誠做什麼，她都不得不留在他身邊，懷著對故土的思念，對家國的擔憂，繼續苟且生活。

個人依附於小家，小家依附於大家。趙明誠此舉，不過是為了小家安全，這似乎沒什麼錯。可是，此舉卻是李清照所不齒的。難過的是，她跳不出小家，如同趙明誠跳不出「大家」。這大概就是人性吧。人總以為有自己的無奈，其實就是捨不掉。

可是，又為什麼要捨掉呢？每個人都在負重前行，沒有誰能脫下這肉身，無須吃喝，無須為生活奔忙。所以，李清照心念隱士，念著那些捨掉的人。自始至終，她嚮往的生活，從來都是歸隱山林。是他，是他「出山」當官，讓她的夢破碎了。

如今，他的世故讓她的心再次破碎。他們不再心意相通，不再是彼此知音，成了最熟悉的陌生人。

賭書消得潑茶香，當時只道是尋常。她一直安慰自己，要世故，要活在當下，可是她做不到。她是想做到的，也在學著做到，可是，那個陪她一起賭書潑茶的人不在了。

紅顏老去，人心驟變，都不過是一瞬間的事。人人都在變，她卻一直不肯變。她只想天人合一，做一個保有赤子之心的天真少女。

## 無人比我更憂傷：孤苦無依的悲歌

愛一個人，到底愛他的什麼？是英俊瀟灑、風流倜儻、才華橫溢，還是品性修養？不管愛的是什麼，你愛的部分轟然崩塌，這樣的愛還能持續下去嗎？趙明誠與李清照在政治時局上發生了分歧，這樣的分歧讓他們漸行漸遠，再不是彼此的知己。

許多年前，趙明誠欣賞蘇軾的進退自如，寵辱不驚。他人生順遂時，一心為民，兢兢業業，從不中飽私囊，為了個人利益而忽略百姓。他遭受坎坷時，堅持操守，修養心性，達到了人生更高的境界。無論順境與逆境，蘇軾都不改初衷，只為做更高的風流雅士。

趙明誠也有此志向，李清照一直欣賞他。順境時，趙明誠秉性高潔，從不做違背良心之事。可無奈，身處亂世，她這才發現趙明誠為了自保，竟連氣節也丟了。他生命本性顯露無遺，令她再不忍心去看。更諷刺的是，接下來趙明誠做了令她更加難堪的事。《建炎以來繫年要錄》中記載道：

御營統制官王亦，將京軍駐江寧，謀為變，以夜縱火為信，江東轉運副使、直徽猷閣李謨覘知之，馳告，守臣祕閣修撰趙明誠，已被命移湖州，弗聽。謨飭兵將，率所部團民兵伏塗巷中，柵其隘。夜半，天慶觀火，諸軍譟而出，亦至，不得入，遂斧南門而去。遲明，訪明誠，則與通判毋丘絳、觀察推官湯允恭縋城宵遁矣。

趙明誠擔任江寧知府一年半左右。宋高宗建炎三年（西元一一二九年）二月，御營統制官王亦率領汴京軍隊駐紮在江寧。他率領部隊來此，雖比趙明誠官低一級，卻並不屬於趙明誠管轄範圍之內。王亦圖謀不軌，企圖造反，他與同謀商議，以夜間縱火為起兵訊號。不知是誰走漏了消息，被江東轉運副使李謨得知，為了不發生暴亂，他立即將此消息報告給江寧守臣、兼任江南東路經制使的趙明誠。

此時，趙明誠接到趕赴湖州知府的調令，他身雖在江寧知府，管轄區域卻已換為湖州。

他聽到李謨報告的消息竟然無動於衷，一副事不關己的做派。在趙明誠看來，此事他不該插手，理應新上任的江寧知府來管理比較妥當。

戰亂將起，新上任知府還未來到江寧，趙明誠選擇做「逃兵」，將江寧百姓性命安危置於腦後，難道他的做法是一個士大夫、有志之士該做的嗎？趙明誠做官沒有責任心和擔當，做人又如此貪生怕死，李清照又豈能不失望，不難堪？

趙明誠不予理睬，李謨只好單獨行動。他和部隊埋伏在亂兵必經道路兩旁，在路口搭建柵欄，設定障礙。半夜時分，亂兵在城中天慶觀縱火，意圖起兵，攻占江寧城。此時，李謨設定的障礙和提前防備措施發揮了作用，致使亂兵無法攻進江寧城，最後只好砍開南城門逃走。第二日，李謨前去拜見趙明誠，想告知他昨夜戰報，誰知趙明誠不見了。原來趙明誠與江寧府通判毋丘絳、觀察推官湯允恭，在昨夜已經由城上縋索而下，逃跑而去了。

當李謨提前設定埋伏、障礙時，趙明誠等人卻提前做好了逃命的準備，此舉真是令人心寒。且不說江寧城的百姓，僅是家中妻兒老小亦能全部拋下，這樣的人品和行為，李清照又該如何去想？所幸亂兵沒有進城，如若江寧城失守，李清照的命運該何去何從？費盡心思收集來的古董文物又有著怎樣的命運？

趙明誠是收藏家、學者、學問家，在太平盛世時，也是口碑極佳的好官。可身處亂世才發現，連這樣有「良心」的官員，都會在緊急時刻逃命，那平日搜刮民財、貪生怕死的官員在危急時刻，做出的選擇更是可想而知了。約於建炎三年初春，李清照寫了〈菩薩蠻〉，那時，她還沉浸在亡國之痛中：

風柔日薄春猶早，夾衫乍著心情好。睡起覺微寒，梅花鬢上殘。故鄉何處是，忘了除非醉。沉水臥時燒，香消酒未消。

早春，東風柔和溫暖，天氣有了暖意，乍換春裝，心情也好了起來。一覺醒來，還是感覺到陣陣寒意，插在鬢上的梅花也已凋殘。她有點思念家鄉，所以喝了酒，只有醉了才能解脫思鄉的煩惱。

她睡覺時，燃了沉香，薰香燃盡時，她還未從醉中醒來。如果沉醉可以忘記亡國之痛，能讓她回到故鄉，她寧可沉醉不醒。「故鄉何處是，忘了除非醉」，她心心念的一直是憂國情懷，渴望回到故鄉，可是她知道，回不去了。所以，除非一直醉著，醉著就能回到家鄉。

前一刻，她還心存希望，後一刻，趙明誠讓她的夢徹底破碎了。她疾惡如仇、愛憎分明，面對這樣懦弱的丈夫，她縱是有埋怨，又能說些什麼？之前，她一直心直口快，公公趙挺之令她心寒，她如實表達，面對丈夫臨陣逃脫的行為，歷史上並沒有留下她的隻言片語。也因此，許多人認為，她是原諒丈夫的，她要維護他，顧及他的顏面，做一位體諒丈夫的合格妻子。「夫貴妻榮，夫賤妻辱」，她一味指責又有何用？可正因如此，她才更加難過。有些事，只能憋在心中，不能說，不能做，可她又明明很想說，很想做。

很快，趙明誠因臨陣逃脫受到了懲罰，被罷官了。李清照在《金石錄．後序》中提及此事，也盡量寫得客觀，只陳述事實：「建炎戊申秋九月，侯起復，知建康府。己酉春三月罷。」家醜不可外揚，這道理她懂。既已罷官，趙明誠也算受到了懲罰，他為此難過，她更是不好再說些什麼。

絕望之際，最能試驗出一個人的品格。人心不能直視，卻生生地發生在她的身邊。這樣的殘酷與現實，她無力改變，只能用堅強的意志試著去接受。但是，她始終相信，世間有「隱士」，深山老林有「仙人」，她只是還未遇到而已。

人活著，總要相信些什麼，不然，只剩下絕望，真的很難好好活下去。

## 至今思項羽，不肯過江東：不屈命運的執念

一個人在生死面前，還有什麼東西不能捨去？仔細想想，好像沒什麼不能捨。人死如燈滅，捨不掉又怎樣？還不是一樣必須放手。可是，我們必須明白，不得不捨去，與坦然接受事物的離開，到底是不一樣的。一種是對心愛之物的不捨，一種是看透之後坦然自若的接受。如果說，真有什麼東西捨不掉，便是這份得失心吧。

宋高宗建炎三年（西元一一二九年），趙明誠被罷官後，江寧再不能待下去了。三月，他們離開江寧，先是乘船至蕪湖，進入姑孰，打算在贛水一帶擇居安家。

當他們行至蕪湖時，船隻經過烏江縣，李清照觸景生情，想起在青州兵變後，她作的一首名為〈夏日絕句〉的詩：

> 生當作人傑，死亦為鬼雄。
> 至今思項羽，不肯過江東。

「人傑」是劉邦稱讚張良、蕭何和韓信的話，在《史記．高祖本紀》中記載道：「此三者，皆人傑也。吾能用之，此吾所以取天下也。」「鬼雄」則出自《楚辭．九歌．國殤》中的「身既死

兮神以靈，魂魄毅兮為鬼雄」。

在李清照看來，人生在世，應活得如同張良、蕭何和韓信一般，做一個治國平天下的豪傑，死後則應成為像屈原所歌頌的為國捐軀的鬼魂中的梟雄。這時，她又想起項羽來，他在生死關頭，不肯過江苟安，理應算得上蓋世英雄。

項羽在楚漢戰爭中敗給劉邦，最後從垓下突圍至烏江，烏江亭長將船靠岸，請他上船。亭長和項羽的對話，記錄在了《史記·項羽本紀》中：「烏江亭長檥船待，謂項王曰：『江東雖小，地方千里，眾數十萬人，亦足王也。願大王急渡。今獨臣有船，漢軍至，無以渡。』項王笑曰：『天之亡我，我何渡為！且籍與江東子弟八千人渡江而西，今無一人還，縱江東父兄憐而王我，我何面目見之？縱彼不言，籍獨不愧於心乎？』乃謂亭長曰，『吾知公長者。吾騎此馬五歲，所當無敵，嘗一日行千里，不忍殺之，以賜公。』乃令騎皆下馬步行，持短兵接戰。獨籍所殺漢軍數百人。項王身亦被十餘創，顧見漢騎司馬呂馬童，曰：『若非吾故人乎？』馬童面之，指王翳曰：『此項王也。』項王乃曰：『吾聞漢購我頭千金，邑萬戶，吾為若德。』乃自刎而死。」

項羽雖為末路英雄，寧死也要與漢軍一戰。他人能逃走，可他終究逃不過自己的良心，所以，他選擇了自刎。可是，她的夫君趙明誠呢？此詩主要意圖並不是歌頌項羽，而是諷刺南宋朝廷和宋高宗的逃跑主義。

宋高宗建炎三年五月，趙明誠和李清照行至池陽，便接到皇帝下詔授趙明誠為湖州知州。他把家安頓在瀲陽，一人去建康應召。臨走時，李清照乘船送他，一直送到岸上還捨不得離去。他們分手時的場景，即使多年後，李清照仍然記憶猶新。她在《金石錄·後序》中寫道：「六月十三日，始負擔，舍舟坐岸上，葛衣岸巾，精神如虎，目光爛爛射人，望舟中告別。余意甚惡，呼曰：『如傳聞城中緩急，奈何？』戟手遙應曰：『從眾。必不得已，先棄輜重，次衣被，次書冊卷軸，次古器，獨所謂宗器者，可自負抱，與身俱存亡，勿忘之。』遂馳馬去。」

六月十三日那天，趙明誠將行李搬至岸上，坐在岸邊。他穿了粗布葛衣，頭戴便巾，神采奕奕，看上去如同一隻猛虎。他看著還在船上的她，與她揮手告別。

李清照心情不好，戰亂之際，他離開了，她又該怎麼辦？她忍不住對他喊道：「如果池陽遇到緊急情況，我該怎麼辦？」明誠遙指她道：「隨著眾人一起逃吧。萬一遇到逼不得已的情況，就先扔掉重的行李；如果不行，就丟掉衣服和被褥；再不行，就扔掉書籍卷軸；還不行，就丟掉古董器物。只是，祖宗牌位和宗室器物萬不可丟棄，你要抱著它們，與它們共存亡、同生死，記住了嗎？」

說完這話，他急急上馬，飛奔而走了。

慌亂、恐懼、不捨等情緒，堆積在李清照的心頭。他就這樣走了，留下她，將她置於茫茫人海中，亂世裡，只待老天垂憐。這一次記錄，她的語氣裡多了無奈和絕望，她不是對世道絕望，是對人心失望了。李清照捨不掉金石碑刻，捨不掉書籍古董，甚至捨不得趙明誠。可是，在亂世中，當她都自身難保時，她又能保住什麼呢？趙明誠可以為了性命逃走，她卻要抱著祖宗牌位和宗室器物共存亡。不知遇到危險，趙明誠能否做到與牌位共存亡。

李清照越來越不認識趙明誠了，或者說，她從未真正認識過他。他被罷官，他們明明想韜光養晦，安度餘生，他卻為了仕途上的光明，選擇再次踏上官場。他此前追求的是人生境界，如今卻執著於富貴名利，這樣的趙明誠，她還愛得起來嗎？

不得不說，趙明誠臨陣脫逃，算不得大錯，只要他的兄長為此說情，趙明誠依舊能走馬上任。另外，金軍步步逼近，諸多官員辭職逃命，可用的人本就不多。如果再不給趙明誠機會，朝廷很可能會無人可用。出於多方面考慮，趙明誠的罷官只是一時懲罰，不算仕途已行至盡頭。大約就是那段時間，李清照寫了〈鷓鴣天〉：

寒日蕭蕭上瑣窗，梧桐應恨夜來霜。酒闌更喜團茶苦，夢斷偏宜瑞腦香。
秋已盡，日猶長，仲宣懷遠更淒涼。不如隨分尊前醉，莫負東籬菊蕊黃。

秋天來了，日頭也有了寒意，那金色的光輝如同蕭蕭秋風中的黃葉，一併落向地平線。瑣窗上照出夕陽橙黃色的光暈，讓她覺得冷。

院內的梧桐樹只剩下幾片焦黃的葉子，不肯離去。一陣風吹來，樹葉搖搖欲墜，單薄得令人心痛。試問，它們如何能抵擋得住這夜裡的寒霜呢？大宋江山，垂死掙扎，它怕是難以抵擋寒霜了，不僅如此，秋天過後便是寒冬，有更大的災難要來，敗落的跡象很是明顯了。

她再次成為一個人，孤獨悲傷著。在夜裡，她喝了酒，宿醉的感覺不好受，只想喝點團茶。她記得，夜裡好像還做了夢，只是夢裡的場景，她已經記不清了，依稀記得惆悵、驚恐過，以至於醒來很久這些感覺還盤旋在心頭，久久不肯散去。

團茶、瑞腦香，都是上等好物，她便是享用此等好物的富貴之人。人生得過且過，沒了希望也便沒了失望。他們說得對，還是享受當下吧，只有自我消遣，才能解脫孤獨，擁有一顆平和的心。

秋天盡了，卻仍覺白晝很長。呵，哪裡是日長，分明是等人久了，心也覺得靜止了。她想到了家，之前她想回家，如今，她連家也沒了。趙明誠不在，這個叫池陽的地方能叫做家嗎？她第一次思念的不是故鄉，而是她的家。有故鄉不能回，有家不能去，她隻身一人坐在黃昏裡，只覺得淒涼無比。她的心墜到谷底，只想照往常一樣，大醉一場，暫時忘記身在何處。或者，去看一看東籬邊的菊花吧，開得顏色正黃，也能解憂消愁啊。

無論趙明誠變成怎樣的人，她都放不下。他在時，她只覺他不如項羽，沒有英雄氣概。他離開，她才深知，原來他還是占滿了她的心頭。人們往往都是如此，他在時，總是吵來吵去，所有的壞都出來了。他離開，便開始思念起他的好來。

臨行前，她問他，如若出現緊急情況該怎麼辦？難道她不知道怎麼辦嗎？在青州時，她十分懂得保護自己，也懂得如何取捨。這次，她問他，我該怎麼辦啊？他難道不懂，這是一個柔弱女子孤獨無助時的悲鳴嗎？

她要的不是邏輯性的指點，要取捨什麼，而是給她安慰，給她安全感，只需說一句：不要怕，我心念著你，一定會為你儘早趕回來。

可惜，男子向來不懂女人，只會覺得女人總是這般無理取鬧。可是，不「無理取鬧」，這滿心離別的哀愁、無助、悲傷，又能向誰訴說？李清照識得大體，從來不說，也因此，她只能將一切放在心裡，比「不懂事」的女子，心被傷得更痛。

# 第六章

## 天涯如夢··聚散悲歡成往事

時局動盪，趙明誠的做法令人心寒。可再心寒，他依舊是她的夫君，是她日夜相守的男人。她不能忘記趙明誠接到任命，便馬不停蹄趕往江寧時的樣子。那時，他走得決絕，她絕望、無助、恐懼、不捨，甚至有些埋怨他。只是她不曾想，這一別，竟是永別。

他離開了，她才發現，她是如此愛他。一直到她離去，她幾乎沒有一天不思念趙明誠。只可惜，那段青州歲月再也回不去了。

有些人一個轉身，便是天涯海角，再也不見了。

## 天人永隔：生死別離的痛楚

都說悲歡離合，生老病死，乃人間常事。可是，當死別來臨時，仍然沒有人願意拿出勇氣去面對。生與死，不過一線之間，任何人都逃不脫。對於死去的人，或者是種解脫，可對於活著的人，卻只有傷痛。

趙明誠走了，與李清照揮手告別。他們並非沒有離別過，之前，或短或長，總會再次相見。如今，他們已經到了知天命的年紀，誰也沒有想過，竟然會在此時來一場生死別離。

1129年，趙明誠四十九歲，李清照四十六歲。自六月十三日他走後，她再沒接到過他的消息，等收到他的來信時，竟然病了。他得了瘧疾，讓她盡快趕到建康照顧他。她急忙趕過去，以為是小病，可等她趕到，趙明誠已生命垂危了。李清照在《金石錄·後序》中寫道：「途中奔馳，冒大暑，感疾。至行在，病痁。七月末，書報臥病。余驚怛，念侯性素急，奈何。病痁或熱，必服寒藥，疾可憂。遂解舟下，一日夜行三百里。比至，果大服柴胡、黃芩藥，瘧且痢，病危在膏肓。余悲泣，倉皇不忍問後事。」

七月底，她與趙明誠分別僅一個月，便收到了他的來信。他信中說，他一路縱馬奔馳，加上暑期炎熱，所以得了瘧疾，病倒在建康。收到書信，李清照整日擔驚受怕，她了解他的性子，他得了熱瘧，必然會服用寒冷藥物，表面看，解了熱毒發作，實際卻極易染上痢疾。這樣一來，寒熱交加，病情只會加重。

李清照接到書信，心急如焚，連忙乘舟起程，每夜行三百里。等她到了建康，趙明誠果然服用了大量柴胡、黃芩等寒性藥物，結果瘧疾併發，病情已入膏肓，無回天之力了。

趙明誠走到這一步，李清照慌了手腳，只顧悲痛哭泣，不忍心問他後事該如何料理。八月十八日那天，趙明誠一病不起，他自知命不久矣，彌留之際，似有事囑託，卻再也說不出一句話來。李清照在《金石錄．後序》中寫道：「八月十八日，遂不起。取筆作詩，絕筆而終，殊無分香賣履之意。」

不能相信，也不敢相信，即使痛哭致死，也寧願相信他還活著。他才四十九歲呀，他們的人生才過大半，怎麼他就去了呢？她無法面對現實，即使自欺欺人，也願意讓他的生命留得久一點，再久一點。

每次與他離別，她便悲傷落寞，那時，她知道她的思念能喚回他。現在，她連唯一的期望也沒了，任她哭啞喉嚨，淚水哭乾，他都不會再回來了。情深不壽，慧極必傷。她此時才知道，她愛他，她亦是他敏慧的妻。所以，他才早早離去？如若這樣，她寧可任性一點，壞一點，也不要老天將他奪走。如若再可以，她寧可情少一點，再少一點。可是，再也沒了如果。悲痛之餘，李清照提筆為趙明誠寫下了〈祭趙湖州文〉，全文已失傳，只留得半句殘言：

白日正中，嘆龐翁之機捷；堅城自墮，憐杞婦之悲深。

「白日正中」是一個典故。在唐代，著名的禪門居士龐蘊入滅之前，令其女靈照出門觀天象，看日頭，靈照看完回來說，太陽已至中天，但略被侵蝕。龐蘊出門觀看，靈照趁這段時間，坐到龐蘊的位置上，合掌化滅。龐蘊看到後，讚嘆女兒領悟了禪機，達到了很高的境界。她的趙明誠此番離去，總好過死的是她。如若讓他來承受這死別之痛，李清照是不願意的。

「堅城自墮」是另外一個典故。春秋時期，齊國攻打莒國，齊國大夫杞梁戰死，他的妻子聽說後向城而哭，莒城也因此而崩塌了。這個故事，後來演變為孟姜女哭長城的故事。李清照引用此典故，意指趙明誠是她的依靠，可他盛年而歿，她的悲痛就像杞梁的妻子一般，會將城牆哭倒。

如果你愛我，怎麼捨得我難過？如果我愛你，當然願意留下來替你背負傷痛。她只能這般安慰，才覺得對得起已故的趙明誠。

趙明誠病故後，時局更加緊張了，她在《金石錄．後序》中稱「朝廷已分遣六宮」，即指哲宗趙煦的皇后孟氏，亦即隆祐皇太后率六宮前往豫章，又傳江當禁渡。不管世事如何紛亂，她都顧不得自己的安危，只願保護好趙明誠生前所愛的金石碑刻和文物。

短短的時間內，她消耗了大量的精力，還來不及收存文物，李清照便病倒了。她病得很嚴重，到了僅存喘息的程度。這一場病，不僅是生理的病痛，還有心理上的巨大創傷，此後精神上更是再難治癒。許多個夜晚，她睡不著，又不願醒，假如他還活著，定是不會這般難熬。她思念天上的丈夫，然後寫下了〈憶秦娥〉：

> 臨高閣，亂山平野煙光薄。煙光薄，棲鴉歸後，暮天聞角。
> 斷香殘酒情懷惡，西風催襯梧桐落。梧桐落，又還秋色，又還寂寞。

她在黃昏時登上高閣，看到亂山平野，煙光薄霧。薄暮時分，棲鴉歸巢，戰鼓號角不斷，她燃的香火快要盡了。西風起，催落梧桐葉，梧桐葉落滿地，這滿目瘡痍的景色還給了秋天，秋天，又還給了寂寞。

「又」，生死循環，因果輪迴，沒有盡頭。假如她可以和趙明誠來世重逢，也定是如同那梧桐落葉，早已忘記這一世他們做過夫妻。

是「西風」催落梧桐，是金兵最終害死了趙明誠，可她是手無縛雞之力的弱女子，年近半百，又能做些什麼呢？在她離開建康前夕，她來到趙明誠殯葬之地，與他做最後的告別。她燃了香，香燃盡了，以至暮色時分，仍不願離去。

適逢亂世，連將他好好安葬於青州老家都不能。她不能帶他回去，甚至不能將他帶離建康城，就像這滿地的梧桐落葉，她帶不走，只能還給秋色。落葉歸根，歸彼大荒，塵歸塵，土歸土，什麼都留不下。

佛家言，人生無常。生死輪迴，春夏秋冬，年復一年，秋復一秋，從來沒變過。有人因此感嘆生命的無奈，傷春悲秋，有人因為無常去尋找有常，得道成佛。而李清照決定帶著懷念上路，縱是趙明誠不能活在世上，也仍活在她心裡。

## 人間天上，沒個人堪寄：孤身在世的淒涼

人生如寄，一個人死去，不過是回到他該回去的地方。死並不可悲，可悲的是，生前的愛恨情仇、榮辱悲歡，都隨著他去了。對於活著的人來講，靠回憶過活，人生再無依託。可

這世上，人人不都是如此嗎？回憶能怎樣，痛苦又能怎樣，還不是必須要活下去。不，對於有些人來講，死了只有活在她心中，只有一直懷念，才對得起他，才能證明，她還是愛著他的，沒辜負她曾經許下的諾言。

趙明誠染病去世走得突然。偌大家族俗務需要李清照來處理，她有些六神無主，孤單無依。李清照和趙明誠離開淄州時，曾將大批文物運到建康，如今趙明誠去了，留下兩萬多卷書籍，兩千多卷金石碑刻拓印本，加上時局動盪，她不得不將書籍文物運往他處。

趙明誠生前說，倘若出現意外，一切可捨的物品可以通通捨去，只要保護好宗室之物，便是有功之妻。趙明誠去了，古籍文物成了她生命中最重要的東西，此前，出現意外她或許可以捨去，當下卻只想保住它們。

自建炎三年七月以來，金國已攻下南京、壽春、和州、滁州等地，並在十一月占領了建康，還將繼續追著宋高宗攻打下去。建康失守，李清照一想到青州盡毀的文物便心痛不已，為了保住建康的文物，她找到趙明誠的妹婿李擢，時任兵部侍郎，他此刻正在洪州保護著隆祐皇太后。李清照想將文物運至洪州，委託李擢代為保管。

很快，李清照安排趙明誠生前的部下，將上千卷書籍文物、貴重器物等裝滿了十五車，運到洪州。她以為，保護隆祐皇太后的地方，一定有重兵把守，很難攻克，令她沒想到的是，金兵對南宋採取分進策略。金兀術負責追擊宋高宗，另外一路人馬由湖北向南進攻，追著隆祐皇太后前進。隆祐皇太后遇到追兵，不得不撤離洪州，逃向嶺南一帶。

生死一線，李擢如何能不顧及性命而捨棄書籍文物呢？李清照和夫君趙明誠苦心收藏數十年的文物再次毀於一旦。她在《金石錄．後序》中寫道：「冬十二月，金寇陷洪州，遂盡委棄。」

沒了，什麼都沒了。人的性命和這文物一般，頃刻間，便不復存在。失去文物，她自是無比難過，更讓她難過的是，她辜負了他的囑託，再也無法向趙明誠交代。她記得趙明誠說過，如若意外，都可捨去，但有些東西不能捨去。那不能捨的東西，李清照一直帶在身邊，只能與它們共存亡。她在《金石錄．後序》中記錄道：「獨余少輕小卷軸，書帖，寫本，李、杜、韓、柳集，《世說》、《鹽鐵論》，漢、唐石刻副本數十軸，三代鼎鼐十數事，南唐寫本書數篋，偶病中把玩，搬在臥內者，巋然獨存。」

她手邊留下的，都是珍品，價值連城。這些孤品書畫體積短小，利於放在身邊，便於攜帶，她常常在病中把玩，放在臥室內，所以從不曾丟失。寧可犧牲自己，也要攜帶珍貴文物，這是她唯一能做的了。這些是趙明誠最後的囑託，她就算冒死，也要留在身邊。只是，她的明天又該漂向何處？倘若她出了意外，這些文物古籍又是怎樣的命運？

李清照左思右想，決定追隨宋高宗的腳步。雖然金兵在追殺宋高宗，一路追著他更為危險，可她再不想一個人了。她的弟弟李迒擔任敕令局的刪定官，一直跟隨在宋高宗逃難的隊伍中。如果她有弟弟可以依靠，便再不會孤立無援，孤獨無助。有了弟弟的幫助，她即使身處險境，也好有個照應，總勝過一個人在亂世孤獨漂泊。

老去，真是一件令人黯然神傷的事。她要一一送別去了的人，也要在亂世中打發寂寞，思念著曾經的故人。「你已不在」四個字，令人窒息，令人絕望。此後的日子，就只剩下她自己，再沒了可以依託的人。

人自一出生，便是孤獨的。一個人來，一個人走，只是我們的出生，有太多人迎接，早已習慣陪伴和熱鬧。我們一直學不會一個人走，太難了，太痛了。

一個人的時候，李清照是悲痛的。想到那已故的夫君，她只能寫詞來打發憂傷。於是，就有了這首〈孤雁兒〉：

藤床紙帳朝眠起，說不盡、無佳思。沉香斷續玉爐寒，伴我情懷如水。笛聲三弄，梅心驚破，多少春情意。

小風疏雨蕭蕭地，又催下、千行淚。吹簫人去玉樓空，腸斷與誰同倚？一枝折得，人間天上，沒個人堪寄。

日頭已高，她慵懶地從藤床上坐起，掀開紙帳簾子，心情如昨，還是開心不起來。玉爐中的沉香快要燃盡，若有若無，斷斷續續的青煙還飄散在空中，只有那漸漸冷卻的香爐和即將冷卻的灰燼陪著她，伴她心靜如水。

她言「靜」，卻並不靜。靜心的人，不會心情如昨，亦不會看到滿地淒涼與孤冷。只是，她只能做到這般了，心如死灰，如同死去，是她能保持的最好的心情。

不知不覺，窗外有人吹奏起了〈梅花三弄〉。笛聲清雅悠揚，卻難掩她的悲傷。這春天，吹得梅花開，吹得梅花落，她只覺得更加傷心，無法平靜。是她，是她辜負了這大好春光，只想到梅花有落盡的一天，卻想不到那笛聲是想吹得梅花開放。曾經多少「春情意」，都是他陪著度過，現在這春天，只剩下她一人，回憶起過往種種，她如何能開心，只能辜負這春天。也寧願辜負。

屋外下起了小雨，總是這般淅淅瀝瀝地下個不停，還有那春風，疏朗清爽，可她只覺得分明是為了催人眼淚。當年，每次下雨，他們夫妻二人喝茶賞雨，或讀書賞文物，可現在那人不在了，她如何能不落淚？那淚是不由自主的，不知不覺就流了下來，像這天上來的雨，誰知道怎麼就落下來了呢。

吹簫的人去了，不知道去了哪裡，只剩下她。他是她的蕭史，她是他的弄玉，說好的白頭偕老，他卻食言了。這偌大的人世間，只剩下她一個人，獨守空樓，獨守這片天地，真是寂寞難捱。可是，她就算愁腸寸斷，依然找不到那個人了，她能依靠誰？

既然擺脫不掉這濃愁，就折一枝梅花吧。當年，陸凱在江南折了一枝梅花，還能將花寄給好友范曄。她手中這枝梅呢，又能寄給誰？人間天上，都沒個人可寄。

仕途，就是這樣毀掉一個人的。可是，在許多人看來，這是為了成全自己，讓自己發光發熱，擁有這世間最高的權勢。試問，一個人到底是自己去依附權勢，還是讓權勢來依附自己呢？當權勢依附自己時，權勢不過是強大自己的工具，重點在於提升自己；當自己依附於權勢時，權勢就成了控制自己的工具，人也就做了權勢的奴隸。做同樣的事，對待的態度不同，也必然走向不同的結局。所以，當能力高於權勢時，才能知進退，懂得何時自保。

李清照在官場上，談不上通透，但卻比趙明誠清醒。自他不肯為她續詞作時，便已預知到了他的結局。他個性懦弱，臨陣脫逃，這樣的性格，即使不會因病而亡，也很難不被官場的鬥爭所打倒。趙明誠想要洗刷身上的恥辱，所以走馬上任，想再一次證明自己。可李清照太了解他，心急永遠吃不了熱豆腐。

人世間，最痛苦的事便是明知不可為而為之。李清照勸不住趙明誠，只能一次次守著寂寞，守著她的愛，傷心絕望地活著。畢竟，有些事並不由她，就像她注定孤獨，自她勸不住趙明誠的那刻起，已經注定了她「沒個人堪寄」的結局。

## 玉壺頒金：才情的流傳與懷念

我們不能改變坎坷的運數，卻可以改變自己。唯有自己這顆心，是有彈性的，是可以選擇的。是堅強面對，是瀟灑一笑，還是抱怨遺憾，都源於自己的選擇。

李清照不能忘記趙明誠，她需要溫暖，需要有人伴她度流年。所以，她要找到弟弟，與他相依為命，終生為伴。李清照投奔弟弟李迒不僅為了有個照應，還因為在混亂時局中，發生了一件事，使她不得不找到弟弟。

那時，趙明誠去世不到一個月，高宗御醫王醫師，乘人之危，欲以三百兩黃金購買趙家古物。收集文物，是趙明誠生前所好，趙家人是知道的。明誠姨表兄和兵部尚書謝克家上報朝廷，講明此事，才使王醫師此計未得逞。

李清照自知「壞人」會再來「打劫」，文物肯定難保，說不定性命也會堪憂。她只有找到弟弟，才能有個依靠，也好保住古董文物。自建炎三年閏八月至第二年正月，她一直追隨著宋高宗的隊伍，好不容易趕到臺州、嵊縣（今浙江省嵊州市）、黃岩、章安、溫州、越州、衢州等地，卻都晚了一步。此時，她突然聽到傳言，有人說趙明誠在世時，曾以玉壺投獻金人，賄賂敵軍，正所謂「玉壺頒金」。李清照在《金石錄．後序》中記錄了此事：

……先侯疾亟時，有張飛卿學士攜玉壺過，視侯，便攜去，其實珉也。不知何人傳道，遂妄言有頒金之語。或傳亦有密論列者。余大惶怖，不敢言，亦不敢遂已，盡將家中所有銅器等物，欲赴外廷投進。到越，已移幸四明。不敢留家中，並寫本書寄剡。後官軍收叛卒，取去，聞盡入故李將軍家。

李清照說，趙明誠病重時，有一位叫做張飛卿的學士，攜帶一把玉壺前來探望，希望趙明誠鑑別真偽。李清照見過此壺，玉石材料乃為珉質，只是與玉石相似的石頭，並非上等好玉。有人說，張飛卿已投靠金國，並將假玉壺獻給金人，但別有用心的人，卻將此事傳為是趙明誠通敵，而那把假壺也成了上等真品。有人祕密彈劾此事，朝廷中也已有人蒐集趙明誠的罪狀，想趁機彈劾趙明誠。

李清照得知此事十分驚慌恐懼，卻又不敢為趙明誠辯護。她一沒人證，二沒物證，又見不到宋高宗，只怕越說越解釋不清。所以，她決定把家中銅器等物獻給朝廷。她趕到越州，皇帝已逃至四明。這些銅器文物，她不敢留於家中，只好與手抄本一同寄存於嵊縣。不幸的是，嵊縣遭遇叛軍暴亂，官軍在平定叛亂中，這批文物流落到了李將軍家中。後來，李將軍病故，至於那批文物流落何方，她再也不知道了。她在《金石錄·後序》中寫道：「所謂巋然獨存者，無慮十去五六矣。」直到此刻，她之前所說的那批文物，摹本拓本，青銅器等，十之五六都已不在了。

建炎四年二三月間，李清照來到溫州，住在西塔近旁的江心寺中。她剛剛落腳，又聽聞宋高宗在定海上船，有親軍三千餘人相隨，政府和樞府只能登舟議事。而宋高宗的子女及家眷，分別行至泉州和福州逃避追兵。隆祐皇太后在洪州被攻陷後，現已逃至福建一帶。李清照突然沒了主意，不知該何去何從。她的婆母葬於泉州，趙明誠的兄長也在泉州，她不能再追隨宋高宗的步伐了，她應該有自己的主意。在那段時間，李清照提筆寫了〈漁家傲〉：

天接雲濤連曉霧，星河欲轉千帆舞。彷彿夢魂歸帝所，聞天語，殷勤問我歸何處。
我報路長嗟日暮，學詩謾有驚人句。九萬里風鵬正舉。風休住，蓬舟吹取三山去。

天接雲濤，一地風塵與迷霧，她的身體越來越輕盈，似乎飛到了天上。她感覺靈魂從身體中掙脫，迷失在了星河欲轉中。這一切，彷彿在夢裡，她不願醒，只想永遠留在天庭之上。

恍然間，她聽到有人問她是否迷路了，那人可以帶她到她想去的地方。那人是誰，不得而知，她只覺得他如同荒漠裡的甘泉，帶給她一絲清涼，好像人生有了方向。

可是，她不知歸路。前路茫茫，她能逃向哪裡？她縱然有萬般才華，寫過不少驚人之語，但這無法改變她的命運，也挽救不了大宋衰敗的現實。

「九萬裡風鵬正舉」語出《莊子．逍遙遊》：「鵬之徙於南冥也，水擊三千里，摶扶搖而上者九萬里。」她想遷徙於南冥，由北海往南海飛，意指渴望去泉州。

「風休住」，風，不要停下，還是吹我去蓬萊三山吧。在現實中，她只能去泉州，在那夢裡，她更渴望去三山。三山是神仙傳說中的神山，她怎能去得了？正如這大宋的災難，她避不開，逃不掉。

國破家亡、亡夫、失物、頒金……，真是一波未平一波又起。在這樣的境遇中，她很難不做夢。可夢再美，醒來仍要面對現實，這才是她的歸宿。從即刻起，她要謹慎選擇生活，不能再隨波逐流，迷失在誘惑裡。

金兵攻下明州、定海後，想要繼續南侵，不巧遇到狂風大作，加上和州防禦使、樞密院提前做好防備，使得金兵退據明州。沒多久，宋高宗去了越州，李清照雖不再追隨宋高宗的腳步，但也走到了那裡。

一路漂泊，居無定所，既然上路，只好輕裝上陣。忽地，她想起，那年宴請親人賓客，人們都勸她看開些，不如享受當下錦瑟年華，坐看花開花落。那時，她心憂家國，無心看春花，亦不能賞落雪。當下，她年過半百，人生風雨經歷大半，更多的只剩下無奈，無奈地笑，無奈地落淚，無奈地欣賞一番這大好光景吧。

依稀在夢裡看到，有一位女子，走在鄉野村莊，走在亂世荒煙，她披著蓑衣，頂著斗笠，身影越走越遠。她從未停下腳步，即使腰有些彎，身形帶著些許疲憊，依舊走在路上。說好的，欣賞一番江湖夜雨，桃李春風呢？

## 只恨生逢亂世：時代造就的悲劇

戰亂年代，從不缺賣主求榮的人。自古常見「忠義」二字，卻少見「忠義」之人，在大宋被金兵窮追不捨之際，見風使舵者，早已將大宋賣於金國。不用千鈞一髮的時刻，也不用生死一線之間，只要給足他們好處，便能將江山拱手相送。

自家鄉淪陷後，李清照無時無刻不思念家鄉，惦記著那裡的一切。她渴望回去，無數次在夢裡回到故鄉。她以為總能等來機會，卻不料「偽楚」垮臺後，北方又傳來建立「偽齊」的消息。繼位「齊帝」的不是別人，是濟南的守臣劉豫。身為宋人，乖乖受封為「齊帝」，幫助金人攻打大宋，這樣的人真是令人不齒。她對此行為簡直深惡痛絕，於是奮筆疾書，寫下了一首五言絕句〈詠史〉：

兩漢本繼紹，新室如贅疣。
所以嵇中散，至死薄殷周。

此詩原本無題，後人讀到，給這首詩加了〈詠史〉的題目。劉豫受封後，派黃潛善和汪伯彥左右宰相攻打大宋，加速了大宋的滅亡。金兵南下，徐州、泗州接連被攻克，韓世忠也兵敗於沭陽。沒多久，瓜州、揚州相繼失守，宋高宗棄吳江不守，逃到杭州。這些人為保性命，節節敗退，甚至主動不守，令李清照無比憤慨。她寫下此詩，便是諷刺這些沒有「忠義」之魂的人。

「兩漢」指西元前 206 年漢高祖建立的西漢和西元25年漢光武帝劉秀建立的東漢。西漢的建立，來自東漢的繼承。李清照的「兩漢本繼紹」，意思是指，宋高宗應該成為劉秀那樣的君主，繼承大宋江山，而不該聞敵逃匿。

「新室」指王莽篡位建立的朝代，國號為「新」，世人稱為新莽。李清照想說，無論張邦昌繼「楚帝」，還是劉豫繼「齊帝」，都像篡漢的新莽一般，只是贅疣，身體上的多餘之物。

「嵇中散」指嵇康，竹林七賢之一。他曾拜中散大夫，故稱為嵇中散。當年嵇康與謀反篡魏的司馬昭水火不容，不屑與他們為伍。如今，「楚帝」、「齊帝」卻降於金兵，危害江山社稷，怎麼就不能效仿嵇康呢？

「薄殷周」出自嵇康的〈與山巨源絕交書〉，書中有一句為「非湯武而薄周孔」。嵇康是一位「忠信篤敬，直道而行」的人，他為了揭穿司馬昭宣揚儒教以圖謀篡國的陰謀，自己轉而崇尚老莊，他隱而不仕，拒絕與司馬昭等人同流合汙。不過，李清照雖然欣賞嵇康，但並不鄙薄周孔，只是藉助典故來表達自己的情緒。對於這首詩，朱熹在《朱子語類》中說：「中散非湯、武得國，引之以比王莽。如此等語，豈女子所能？」

李清照是女子，卻渾身盡是丈夫氣，連宋代大儒朱熹也對她十分稱讚。她在青州時，人窮志不短，如今也沒丟了志氣。不過，她一路走，必須一路丟，山高水遠，有些拖累行程的物品不得不丟下。被褥、衣物，諸多不必要的東西，她都丟下了。唯獨貼身文物還留在身邊。她每行至一處，安頓好後，便將所剩不多的文物放置於床底下，而且不許旁人接觸。如果再行至他處，也要親自收拾，不許他人插手。

她對所剩不多的文物萬分小心，這裡的每一件都價值連城，都是趙明誠生前囑託，絕不能丟棄的文物。但即便如此，生逢亂世，即使不遇金兵搶奪，也總會在異地遇到心懷不軌之人。在嵊縣文物剛丟失不久之後，她來到了越州，文物又失去了大半。

李清照來到越州，心情有所好轉。她想起了王羲之的詩句「山陰道上行，如在鏡中游」，也回憶起趙明誠在世時，與她多次談到「天下行書第一」的〈蘭亭集序〉。更令她高興的是，皇帝駐蹕越州，改元紹興，她的弟弟受到皇帝重視，趙、李兩家在仕途上出現了轉機。「紹興」二字，當取中興發達之意，見朝廷如此重視紹興，她便認為有了重整旗鼓的精神，再不會被金兵嚇退。

她安頓在越州，租住在當地姓鍾的人家裡。那人見李清照有幾只箱子，便與她套近乎，想知道裡面裝的是什麼。李清照心地善良說了實話，卻不想那人起了歹心。一天夜裡，李清照不在家中，臥室的牆壁被人挖開了一個大洞，臥榻之下的文物五竹筐都被偷走了，其中包括趙明誠親自題寫跋語的〈趙氏神妙帖〉。李清照丟失文物悲慟不已，立即重金懸賞被盜走的字畫。兩天後，鄰居鍾復皓拿了十八軸畫卷求賞，才知盜賊是近在身邊的人。她在《金石錄·後序》中記錄了這件事：

忽一夕，穴壁負五簏去。余悲慟不已，重立賞收贖。後二日，鄰人鍾復皓出十八軸求賞，故知其盜不遠矣。萬計求之，其餘遂不可出。今知盡為吳說運使賤價得之。所謂巋然獨存者，乃十去其七八。所有一二殘零不成部帙書冊，三數種種平書帖，猶復愛惜如護頭目，何愚也耶。

此人將文物偷走，僅拿回來十八軸畫卷，其餘的文物去了哪裡？李清照允諾重賞，只要他說出文物的下落，但鍾復皓怎麼也不肯說，李清照沒了辦法。數年後，李清照聽聞，那些字畫被當代著名書法家以低廉的價格購得，她心裡總算有了安慰。

文物再次喪失了十之七八，剩下的都是零零碎碎，不成系統的普通書籍。可即使如此，她依舊愛惜，像保護自己的眼睛頭腦般愛護著它們。她甚至覺得這樣的行為太過愚蠢了。

她並不是怪自己愚蠢，而是明知留不住，偏要留住的心甚為愚蠢。至此，她和趙明誠的半生心血，幾乎喪盡。他們愛文物，並不是為了自己欣賞，更有一份流傳於後世的心意，不想被人毀壞掉。在亂世中，個人的力量太渺小了。她縱然用性命去保護，可她的性命賤如草芥，誰又會在乎？

她不是不懂，可還是不改初心，依舊守著殘缺不全的文物繼續漂泊。時光不停，她還活著，就要保護下去。

丟失文物的事件，不僅讓李清照難過，四百多年後，明代政治家張居正讀完《金石錄·後序》，也為此事抱不平。有一次，他聽到部吏中有一位姓鍾的人說浙江口音，便問他：「你是會稽人嗎？」他回答說：「是的。」張居正臉色立刻變了，怒氣久不消散。這位部吏解釋說：「我是最近從湖廣一帶遷至會稽的。」可即使如此，張居正依舊怒氣未消，將此人開除了。張居正深感文物被盜之痛，以至於幾百年後，鍾姓紹興人還遭到貶謫。

大宋江山不保，皇帝四處逃竄，即使貴如宋高宗，也不一定能保住古董文物，更何況李清照呢？可她痴心不改，她用自己的性命，在世間陪著文物飄零。她想起了天上的趙明誠，便將那心情寫於筆下，作了一首叫做〈清平樂〉的詞：

年年雪裡，常插梅花醉。挼盡梅花無好意，贏得滿衣清淚。
今年海角天涯，蕭蕭兩鬢生華。看取晚來風勢，故應難看梅花。

早些年，她剛嫁給趙明誠不久，整日沉浸在幸福中。每年下雪，她都要與夫君趙明誠一起賞雪賞梅，或飲茶，或飲酒。伴著濃烈的酒香，趙明誠似乎醉了，盡興之餘，不忘在她鬢間插一枝梅花。她醉了，梅花也醉了，趙明誠看著她更是醉上加醉，不過，誰又能說得清，是不是這雪令人陶醉呢？

現在，只剩下她一個人，獨自折一枝梅花，再無人將它插到鬢髮間。她思念著他，不知不覺那花朵已在手中揉碎，看著它在風中零落，她的淚水也止不住地流了下來。

她思念過往，思念家鄉，思念與他一起欣賞金石文物的日子。可如今，她淪落天涯海角，即便梅花開放，她再插於髮間，也再不能與那嬌豔的梅花相比了。青春老去，生離死別，文物丟失，她已沒剩下什麼了。是她自作多情，非要思念起過往來，回憶起與梅花爭豔的日子來。晚風來得猛烈，梅花經受不起摧殘，怕是要凋零了吧。

世間事，有太多東西是保不住的。即使她能保住，百年之後呢，還不是要零落民間，被不懂欣賞的人破壞掉。她不是不悲憤，不想反抗，可是，她能抗爭到幾時？大悲無淚，大悟無言，大笑無聲，這次，她是真的痛了。

人最難的，不是與自己和解，是接受和解的自己。和解意味著放棄，意味著倒下。此時，李清照已與自己和解，只是還沒有接受和解的自己。她不能，不到最後一刻便不能倒下。她只是接受了顛沛流離的命運，餘下的，她想盡人事，聽天命，只要盡著她的義務好了，至於其他，不多想了。

## 春殘何事苦思鄉：斷腸人間的故園情

落葉歸根，是古代人的情結。年少時，人們嚮往走出去，走得越遠越好。外面，有一片繁華世界，吸引著年輕才子。年老時，人們帶著一身疲憊，見識了外面的風風雨雨，便深知回家的可貴。有人辭官歸故里，有人星夜趕考場，不是歸家不好，也不是趕考場不好，什麼時間做什麼事，才不枉來人間走一遭。

李清照年少時，自是夢想去汴京，見識京城的繁華。她漂泊半生，見過太多風風雨雨，便越發懂得家鄉的好。晚年的她，一直思念家鄉，渴望回到故里，落葉歸根。

文物被盜後，李清照氣病了。她如何能不傷心，怕是人都絕望了。弟弟李迒得知，心急如焚。只可惜，那時他忙於公務，不能照顧李清照。第二年春天，宋高宗剛到達臨安不久，李迒便安排李清照也來到了臨安。經過兩年的漂泊和逃亡，她來到臨安，算是有了穩定的住所。

她的居所，臨近池塘，芳草萋萋，綠蔭滿院。雖然已是晚春，可她經歷了大病，又人到中年，身體大不如前，只覺陣陣寒氣吹進窗紗。她聽到門鎖響了，以為有客人拜訪。可就算有客人來，置辦酒宴茶水，也沒了當年的熱鬧氣氛。煮酒分茶，對酒唱吟，怕是應付客人的笑裡，也盡是無奈吧。胡亂思索時，嘴邊竟吟出詩作〈春殘〉來：

春殘何事苦思鄉，病裡梳頭恨髮長。
梁燕語多終日在，薔薇風細一簾香。

此時，她還思念著家鄉，懷念那裡的人和事，不知他們今日性命是否無憂，又變換了怎樣的容顏。她年紀大了，身體虛弱，梳妝吃力，無端恨起那長髮來。她也思念趙明誠。梁上雙燕，成雙成對，日日相伴，終日軟語呢喃。她呢？她連那梁上的燕子都不如，真是無限淒涼。

「薔薇風細一簾香」，語出唐高駢〈山亭夏日〉一詩：「水晶簾動微風起，滿架薔薇一院香。」暮春裡，吹來一陣和煦春風，透過繡簾，院子裡薔薇的花香吹進了屋子，真是清香宜人。可此情此景，再無知心人，若是趙明誠還在，夫妻二人賭書潑茶，該是多麼美好的景象啊。

李清照思鄉的心思越來越重，也越發思念趙明誠。她的身體剛好轉一些，沒多久又病重了。紹興二年（西元一一三二年）初夏，她再次病倒。她心神不寧，有時高燒不退，睡著後也夢囈般叫著「德夫！德夫！」。還有時，李迒見她閉著眼睛，眼淚從眼角流出來。李清照三天水米未進，病得這般嚴重，李迒料想救不活了，便急忙命人準備後事。

自趙明誠去世後，李清照在這世上的親人只有弟弟李迒了，他將棺材準備好，甚至準備了封棺所用的鐵釘和石灰。就在一切準備好以後，有一位媒人登門拜訪，聲稱受張汝舟所託，代呈一紙「官文書」。

李清照將死之人，竟然有人迎娶，對於李迒來說，真是喜事一樁。他聽說過張汝舟，不禁脫口而出：「如雷貫耳，如雷貫耳！」李迒拿著文書來到李清照病床前，想問她是否同意。他輕聲呼喚，李清照有了反應，雙眸微張，卻牛蟻不分。李迒無奈，再細看求婚書，覺得寫得無比真誠，甚是感動。在李清照深度昏迷、人事不知的情況下，他替李清照做了決定，允許張汝舟迎娶他的姐姐李清照。

李迒接見了客人張汝舟，與他一同商議婚事，張汝舟對李迒甜言蜜語，百般奉承。來到李清照病榻前，張汝舟更是無盡關懷，無微不至。李迒見他也是「有心人」，便更加認為這位「姐夫」是最佳人選。李清照偶爾清醒，向李迒詢問張汝舟何許人也，李迒向李清照介紹說，他在太學時，便已聽聞張汝舟大名。他身為言官，直言不諱，為改良吏治做了不少功德。他的言論曾為道君皇帝所採用，一時在汴京傳為美談。

建炎三年底，張汝舟做了明州知府，宋高宗駕臨時，他接待簡省，也保住了皇帝的面子。他與臺州的不吝擾民、豐盛接駕形成了鮮明的對比。李迒講張汝舟的事蹟，越講越多，越說便越發覺得他是可靠之人。

為了勸服李清照，李迒甚至拿張汝舟與趙明誠做對比，他的官階、年紀均與趙明誠相仿，並不是配不上她。李清照有些迷糊，還未理清頭緒，便再次昏迷了過去。李迒見她病得太重，更是希望她能盡快出嫁。

人在生病時，是心靈最為脆弱的時刻。如果李清照沒生病頭腦清醒，怕是也熬不住這孤獨了。她不是想放下趙明誠，只想後半生能有個互相照顧的人。她無子嗣，無家財，只是一個身心俱疲、兩鬢蒼蒼的中年婦人。她真能孤獨無依，默默離去嗎？當下，她有弟弟照顧。往後呢？

經歷了戰亂，見過太多生離死別，她再不能相信，有誰能送她最後一程。是的，如果弟弟李迒都未必能做到，這位叫張汝舟的男人，又憑什麼能做到呢？可是，她累了，寂寞了太久，想找一位與她一起吟酒喝茶，賞薔薇花的人。

人至晚年，有個能說說話的人，都是好的。

李清照心地善良，心思單純，已上過一次當。如今，她的弟弟也因善良，將她推向深淵而不知，等他們反應過來，一切後悔晚矣。

李迒自小養尊處優，雖曾與母親跟隨被貶謫的父親回過章丘，但因他出身官宦之家，對世道人心所知甚少。他入讀太學，後又跟隨皇帝做單純的編輯詔書工作，幾乎少與人接觸。他年近不惑，在世道人心上還未吃過虧。所以，他聽說「張汝舟」大名，腦海裡便不由自主地浮現出他的廉潔威風，舉止才學與趙明誠理應不相上下。聽到張汝舟的一番甜言蜜語，李迒更是沒了主見，一味只道張汝舟好，好，好！

仔細想來，李清照病入膏肓，張汝舟與她和李迒並無交情，如果沒有利益誘惑，怎能在此時決定娶李清照？善良，不等於不懂自保，更不等於不懂分辨好人壞人。無論怎樣，李迒將李清照送入虎穴，等他們清醒過來，後悔晚矣。

# 第七章
## 畫盡悲涼：命運的無奈與漂泊

她沒有想過再嫁。若不是病到只剩下最後一口氣，弟弟李迒不會將她嫁人。此時，她是一個年近半百、兩鬢蒼蒼、身心俱憊的中年婦人。她漂泊這些年，還是沒有撐住，病倒了。她累了，倦了，想找個人說說心理話，有個肩膀可依靠，有個老伴能陪她度餘生。

但世道太壞，這位叫「張汝舟」的男人，竟是為了文物而來。多年以後，她回憶再嫁這段經歷，仍是後悔莫及。此後，她的人生再無春日，只有秋天的悲涼。那春，只是為了迎接夏天和秋天，迎接更大的破壞。

大宋江山，金兵屢屢再犯，如何能不悽慘、不悲涼？她無法改變國家命運，只能隨著人群顛沛流離。

那個叫故鄉的地方，在夢裡，在夢裡見過。

## 病中嫁人：一場絕望的聯姻

危難之際，人心最沒防備。人生已跌至谷底，或即將告別人世，唯一的希望便是從谷底中走出。此時，若有人能解救你，你又如何能不接住那根拋來的橄欖枝？能救於水火的人，多是善良之人吧，只能這樣安慰自己。可事實上，這世上更多的是趁火打劫啊。對人，我們要善良，身處谷底，我們更要多些防備。

趙明誠去世後，給李清照留下大批文物，還有不多的財產。此時，她家財雖所剩不多，但留在身邊的文物卻價值非凡。趁李清照迷糊之際，「張汝舟」主動接近李清照，並決定娶她為妻。她來不及思考，甚至不能自己做主便嫁了。

在李迒四處尋找名醫為她精心醫治下，病入膏肓的李清照漸漸好轉。等她清醒後，與「張汝舟」交談，卻發現他舉止輕佻、談吐猥瑣，並非李迒口中說的那般。

僅過了兩個月，這位叫「張汝舟」的男人開始明目張膽地奪取李清照攜帶的書畫文物。如若李清照不肯交出，便要對她拳腳相加，甚至殺了她的心都有了。慢慢地，這位「張汝舟」的真實面目暴露得越來越多，他對李清照也越加殘忍。

李清照飽受身體和精神的雙重折磨，朝廷裡的人知道後，提醒李迒有兩位「張汝舟」，除了為官清正的明州知府張汝舟，還有一位官低六階的無名人士。他之所以官升一級，能來紹興任職，完全是屢試不第，謊報功名得官。

李迒聽完，猶如五雷轟頂，脊背發涼。他因自己輕信他人，害了他的親姐姐。他將此事偷偷告訴了李清照，商討應對之策。李清照原諒了弟弟，那時她神志不清，他也是事情緊急才出了差錯。冷靜下來以後，李清照決定從「張汝舟」卑鄙殘暴的行為中，找出他實乃冒名頂替的證據。在國朝之初，有載籍常常會記錄官員的相貌、身形、學識、身家背景等，以防有人假冒。靖康之亂，宋高宗逃來躲去，欺世盜名者屢屢出現，朝廷也無暇顧及。雖然朝廷顧及不上，可並不表示此法律作廢。因此，李清照想找到「張汝舟」乘人之危、趁火打劫的證據，並上報朝廷。一方面，她要告發「張汝舟」，另一方面，她希望弟弟能向朝廷尋求救援。

李迒聽完李清照的想法很是贊同，這朝廷內外，不僅李迒認識不少人，趙明誠的親人也有不少人可以幫忙。他們身居要位，有些是皇帝身邊的親信，只要證據充足，很容易將「張汝舟」繩之以法。

李迒找到趙明誠的姑表兄弟綦公，他了解真實情況後，為李清照主持了公道。按照當時刑律，告發親人要受到兩三年的服刑懲罰，她卻只被關押了九天。事情得以解決，她也與

「張汝舟」解除了夫妻關係。李清照感激不盡，事後給綦公寫了一封名為〈投內翰綦公（崇禮）啟〉的感謝信：

近因疾病，欲至膏肓，牛蟻不分，灰釘已具。嘗藥雖存弱弟，應門唯有老兵。既爾蒼皇，因成造次。信彼如簧之說，惑茲似錦之言。弟既可欺，持官文書來輒信；身幾欲死，非玉鏡架亦安知？僶俛難言，優柔莫訣，呻吟未定，強以同歸。

視聽才分，實難共處，忍以桑榆之晚節，配茲駔儈之下才。身既懷臭之可嫌，唯求脫去；彼素抱壁之將往，決欲殺之。遂肆侵凌，日加毆擊，可念劉伶之肋，難勝石勒之拳。局天扣地，敢效談娘之善訴；升堂入室，素非李赤之甘心。

趙明誠和李清照在收藏界一直享有盛譽。這位假冒的張汝舟，聽說李清照來到紹興，便假借娶妻之名，來騙取她手中的文物。他想迎娶她，在她病榻前，定會將自己表現為一個儒雅紳士。婚後，他發現李清照並不將書畫交予他，便起了歹心，甚至對她動手。不管怎樣，她既然不喜歡他，便絕不會委曲求全。她要在自己的晚年，還自己清白，她的名聲不能被這個滿身臭氣的人所玷汙。

在古代宋朝，嫁雞隨雞，嫁狗隨狗，即使嫁給欺世盜名之輩，也要與他過完一生。更何況，宋朝法律規定，女方不能主動提出解除婚姻關係，即便離婚，也要由男方寫下休書，婚姻關係方能解除。

可她有自己的主意，即使背負罵名，也擋不住她離開此人的決心。千夫所指能怎樣，罵她不守婦道又怎樣，既然不愛，不必日夜相守。只是，那個叫張汝舟的男人，怎能與她離婚呢？書畫文物未到手，新婚不久便離婚，他顏面何在？目的還未達到便放李清照走，不是竹籃打水一場空嗎？

李清照心思敏捷，所以揭發他虛報考試次數，犯了欺君之罪。妻子告發丈夫，太過少見，她寧可坐牢，也要離異，可見她的決心。在〈投內翰綦公（崇禮）啟〉中她還寫道：「豈期末事，乃得上聞。取自宸衷，付之廷尉。」意思是指，這件事驚動了宋高宗，由皇帝親自下令操辦，事情才得以解決。「張汝舟」被開除公職，流放至廣西柳州。按照宋朝法律，假如丈夫流放，妻子可以與他合法解除夫妻關係，並且可以保留自己財產。但法律還規定，她必須坐牢兩年。所以，她寧可坐牢，也不允許自己與這樣的人在一起。

人生著實有些累，行差踏錯一步，都要付出相應的代價。阿諛奉承者不能信，巧舌如簧者也不能信。經歷了再嫁風波，她越發想起趙明誠的好來，至少他非奸佞之輩。亡國之恨，喪夫之哀，嫁人又離異，萬千事凝聚心頭，無法排遣，她流著血淚，寫下了這首著名的〈聲聲慢〉：

尋尋覓覓，冷冷清清，悽悽慘慘戚戚。乍暖還寒時候，最難將息。三杯兩盞淡酒，怎敵他、晚來風急。雁過也，正傷心，卻是舊時相識。

滿地黃花堆積，憔悴損，如今有誰堪摘？守著窗兒，獨自怎生得黑。梧桐更兼細雨，到黃昏、點點滴滴。這次第，怎一個愁字了得。

自趙明誠去後，李清照感覺到了莫大的寂寞。如果可以，她很想把失去的一切都找回來。可是她知道，一切再也回不來了。她以為，有個人陪伴，人生的路或許會好走一些，最終卻只見冷冷清清。人生過去大半，竟落得被騙的結局，怎叫人能不感覺到悽慘悲戚？

乍暖還寒的時節，最難保養自己。喝上兩三盞淡酒，也不能抵住早上寒風的急襲。又見大雁從天空中飛過，她想這都是舊相識吧。她走了這麼久，自北向南，如同大雁遷徙，它們能飛回北方，她再也回不去了。想到此處，她更加黯然神傷。

園中菊花落了，滿地殘黃堆積，憔悴不堪，再也無人來採摘了。她冷冷清清地守在窗前，只她一人，她不知該怎樣才能熬到天黑。她開始數梧桐樹上的雨滴，一滴，兩滴，三滴……直到黃昏時分，還在滴滴答答。數了多少了，她早忘記了，只是這般情景，真令人哀傷。僅一個「愁」字，怎麼能說出她的煩愁？

有些人，想時光慢些，因為時間走得太快，有太多重要的東西流逝了。可有些人，更希望時光快些，哪怕瞬間蒼老，已至暮年，都甚覺安慰。時間是等量的，但每個人的感受卻是不同的。如果可以，李清照寧可快些，哪怕錯過了某些美好，就像她跟趙明誠在一起的日子，一定有遺憾，有錯過，可是，她依舊願意回到「錯過」的人生裡去。

錯過、遺憾，總勝過靠數雨滴過日子。可是，她必須苦熬著，熬一天算一天，直到遇到可靠的人，似她一樣珍惜書畫文物的人。那時，她總算了卻心事，不用再熬下去了。

## 絕望離異：苦痛中的新裂痕

如果說，危難之際做出的錯誤決定，需要付出極大代價。那麼「任性」而為、靠一腔熱血做出的決定，便要承擔輿論的壓力。率性而為容易，難的是有一個堅強、強大的內心應對那些謾罵與不解。

李清照與「張汝舟」的婚姻實屬被人算計，跳進火坑。她與他離異，是從災難中解脫出來。只是，世間人從不理解他人的苦難，只想對此事指指點點，好站在道德制高點上指責他。李清照再嫁並迅速離異這件事鬧得沸沸揚揚，給她的名譽造成了不小的影響。

當時，有幾位著名的詩評家對此事做出了評價，在男人的世界裡，女子掙脫苦難，竟是這樣不堪。胡仔在《苕溪漁隱叢話》中說：「易安再適張汝舟，未幾反目，有〈啟事〉與綦處厚云：『猥以桑榆之晚景，配茲駔儈之下才。』傳者無不笑之。」晁公武在《郡齋讀書志》中說：「然無檢操，晚節流落江湖間以卒。」王灼在《碧雞漫志》中說她：「趙死，再嫁某氏，訟而離之，晚節流蕩無歸。」隨後朱彧在《萍洲可談》中說她：「不終晚節，流落以死，天獨厚其才而嗇其遇，惜哉。」

李清照再嫁遭到恥笑，眾人皆說她晚節不保。她自決定離異前，便已想到這件事對自己的影響。她在給綦崇禮的信中寫道：「清照敢不省過知慚，捫心識愧？責全責智，已難逃萬世之譏；敗德敗名，何以見中朝之士？雖南山之竹，豈能窮多口之談？唯智者之言，可以止無根之謗。」

她身為婦道人家，既然決定離異，如何能不自省，不考慮好後果？捫心自問，她很慚愧。如果要保全良好的名聲，她自不能再嫁，更不能離異。如今看來，她肯定是難逃萬世譏諷，她就這樣敗壞了道德，怕是無顏再見朝中士大夫了。除了詩評家外，聽說這件事的人更是會加以諷刺，多到不可想像。所以，她還是希望，像綦公這樣的智者出面說句公道話，才能制止那些誹謗的言論。在信末，李清照還說，希望綦崇禮對她的品行多加指點，她會吸取教訓，完善自我。

在宋朝，女子再嫁，是一件極不道德的事。有人問宋代理學家程頤，貧窮的寡婦能不能改嫁？程頤回答說：「餓死事極小，失節事極大。」除此之外，司馬光在《家範》中也說：「貞女不事二夫。」他們是著名的道德家，在理論上很有影響力。李清照考慮到這個原因，所以找到綦崇禮，希望他能為她說話，考慮女性的犧牲與不易。

事實上，在宋朝普通百姓中，改嫁並不是一件大事，也不會受到太多人批評。儒家思想教化百姓，百姓也並非全能做到。很多時候，鄰里之間那種不易，街坊看在眼裡，對改嫁的事，也多了一份體諒。只是，李清照是一代詞人，在士大夫眼中極為有名氣，她的德行眾人看在眼裡，對她的道德要求也更為苛刻。此前，李清照與趙明誠夫妻恩愛，有目共睹，而趙明誠又是官場稍有名望的人，李清照改嫁，自會被別人認定「忘恩負義」。加上宋高宗介入此事，搞得民間百姓議論紛紛，李清照的言行標竿，一下子被眾人拉高，她改嫁又離異，很難不遭人詬病。

還有另外一方面的原因，便是李清照為人特立獨行，標新立異。宋代女子更注重婦女責任，恪守男尊女卑的思想，而李清照飽讀詩書，更注重情感生活。她從不溫柔順從，更不賢淑端莊，她打破了傳統女子的做法。所以，王灼在《碧雞漫志》中還說她：「作長短句，能曲折盡人意，輕巧尖新，姿態百出。閭巷荒淫之語，肆意落筆。自古縉紳之家能文婦女，未見如此無顧忌也。」

王灼說，自古以來，士大夫家中擅長文學創作的女性，沒有一位如她這般大膽、這麼無所顧忌的。有才華沒什麼，會創作又如何，歷史上多少有才華的女性，都因情事被放大，成了她們一生的汙點。

只因她們有才華，出了名，她們的一言一行便只能遵循禮儀道德，如若犯下一點過錯，便要受千夫所指，直至千秋萬代。每個人，都在錯誤中成長。沒人想犯錯，只是踏進陷阱才知是個錯，錯了能改，才是了不起的人。

李清照該說的話說盡了，日後世人如何評論，她自是再也無暇顧及。經歷了這場風波，她如同大病初癒，略感輕鬆。人生，只要還有信念，便不會絕望。不過，她對婚姻絕望了。她這才明白，這世上的人，並非所有人都像趙明誠，也並非所有人都能成為知音。結束這一切後，她寫下了〈攤破浣溪沙〉：

> 病起蕭蕭兩鬢華，臥看殘月上窗紗。荳蔻連梢煎熟水，莫分茶。
> 枕上詩書閒處好，門前風景雨來佳。終日向人多醞藉，木犀花。

她離異、出獄，病體剛剛好轉，便寫下了這闋詞。這年，她四十九歲，已是鬢髮花白的婦人了。得過病的她，脆弱過，卻也懂得了做人的堅韌。她遭人詆毀和不解，這言論怕是永遠都不會消停了，可是，只要她內心安靜，其他人的看法，又怎麼能影響她呢？她從這樣的破曉中醒來，從離異的事情中走出來，終於換了一個人。她臥榻賞殘月，看月光鋪撒在窗紗上，就像她看那些流言蜚語，如同與她無關一般，這件事終究從她心底抹去了。

屋子裡，火爐上煮著「荳蔻」，藥香，溢滿屋子。她賞殘月，耳邊傳來煮荳蔻的咕嘟聲，令人覺得分外安靜。這般景象，如同往常，似舊日流年，可惜的是，她身體還未痊癒，不能下床分茶。

賞月悶了，無趣了，就讀一讀枕邊閒書。她隨意翻閱，不求記誦，沒有目的。回想起曾經與趙明誠在一起時，她每次翻到興奮處，定要與他討論一番，還要賭書潑茶，展現記誦能力。那樣快樂的時光不在了，她尋覓這麼久，依舊隻身一人。經歷了離異事件，她才體會出一個人的好來，她的孤獨與寂寞，不再悲悲戚戚，多了一分坦然的安靜。

平日裡，雨最惱人，如今賞雨，只覺別有一番滋味。一個人之所以覺得人生苦，那是因為他還沒有經歷更苦的事。只有經歷了，才懷念起昨日的好來。她喜歡這樣的時光，無事一身輕，真是覺得舒暢極了。

這樣的快樂，她想與人分享。可惜，依舊沒有人能與她暢所欲言，用心靈交流。那麼，也好，就安靜些吧，不言不語，將心事留給心，與自己嘮叨一番，也是好的。內心豐富，無憂無慮，才能做一株木犀花。李清照再一次寫桂花，並將它比作漢朝的薛廣德，待人寬和有涵容。

之前，她與自己和解，如今，她接受了和解後的自己。她以為，自我和解等於放棄，現在才發現，接受不完美的自己才能坦然面對人生。世間本無事，有事的是人。當她懂得放下，那心也安靜了，歡樂了。說與誰聽呢，與誰分享呢？不重要了，做一枝花吧，那花不言不語，不也在向世人訴說著四季嗎？

## 欲將血淚寄山河：深情寄向蒼穹

人生在世，有一件事可做，有一杯茶可飲，有一卷書可讀，當應知足。雖不見得有知音，也不見得能享盡富貴榮華，但是青菜豆腐保平安，那一粥一飯才是最為真實的生活。過盡千帆，洗盡鉛華，才能品出斜暉脈脈水悠悠，讀懂千金散盡還復來。無論散，或是得，其實都是得到。李清照散盡「書畫文物」，終於懂得凡事有它自己的命運，得到了一份內心的安寧。

李清照一路走來，經歷了太多，歲月磨去了她的稜角，摧殘了她的身體，帶給她太多悲哀與離愁。她自大病後，身體大不如前，對於文物的保護，更是力不從心。她在《金石錄·後序》中寫道：「或者天意以余菲薄，不足以享此尤物耶？抑亦死者有知，猶斤斤愛惜，不肯留在人間耶？何得之艱而失之易也。」

她認為，是她生來命薄，不足以有福報享受古董書畫。也或者是，明誠在天有靈，過於愛惜這些文物，不肯使它們留在人間。為什麼收藏竟這樣艱難，而失去它們卻如此容易？可是，許多事不就是如此嗎？所以，她在結尾處又說：「三十四年之間，憂患得失，何其多矣！然有有必有無，有聚必有散，乃理之常。」

三十四年來，她為了文物患得患失，憂心忡忡，實在付出太多心血。可人生本就如此，有得必有無，有聚必有散，太正常不過的道理。有些道理十分簡單，執行起來卻很困難。三十四年間，李清照不是不懂聚散無常的道理，可直到她年過半百，才學會了坦然面對。

她變了。她不再整日悲戚傷感，而是開始了整理金石碑刻的工作。她形單影隻，獨善其身，在自己的小世界裡做著學問。當然，她也十分關心政治時局，對故鄉依舊思念不已。宋高宗紹興三年（西元一一三三年）五月，朝廷派遣樞密院事、吏部侍郎韓肖胄、工部尚書胡松年前往金國，去探望俘虜在金的宋徽宗和宋欽宗。韓肖胄的曾祖父韓琦在宋仁宗、宋英宗、宋神宗三朝為宰相，祖父韓忠彥在宋哲宗、宋徽宗期間任宰相。李清照的祖父和父親都曾得到他們的舉薦和提攜。這次前往金國，是當時的大事，李清照自認家門衰微，不能去拜見他們，但她對此事十分關心。於是，為韓、胡兩位使者提筆寫下了〈上樞密韓肖胄詩〉，一表她對南宋的期望和鍾愛之心：

三年夏六月，天子視朝久。凝旒望南雲，垂衣思北狩。如聞帝若曰，嶽牧與群後。賢寧無半千，運已遇陽九。勿勒燕然銘，勿種金城柳。豈無純孝臣，識此霜露悲。何必羹舍肉，便可車載脂。土地非所惜，玉帛如塵泥。誰當可將命，幣厚辭益卑。四嶽僉曰俞，臣下帝所知。中朝第一人，春官有昌黎。身為百夫特，行足萬人師。嘉祐與建中，為政有皋夔。匈奴畏王商，吐蕃尊子儀。夷狄已破膽，將命公所宜。公拜手稽手，受命白玉墀。曰臣敢辭難，此亦何等時！家人安足謀，妻子不必辭。願奉天地靈，願奉宗廟威。徑持紫泥詔，直入黃龍城。單于定稽顙，侍子當來迎。仁君方恃信，狂生休請纓。或取犬馬血，與結天日盟。胡公清德人所難，謀同德協心志安。脫衣已被漢恩暖，離歌不道易水寒。皇天久陰后土溼，雨勢未迴風勢急。車聲轔轔馬蕭蕭，壯士懦夫俱感泣。閭閻嫠婦亦何如，瀝血投書干記室。夷虜從來性虎狼，不虞預備庸何傷？衷甲昔時聞楚幕，乘城前日記平涼。葵丘踐土非荒城，勿輕談士棄儒生。露布詞成馬猶倚，崤函關出雞未鳴。巧匠何曾棄樗櫟，芻蕘之言或有益。不乞隋珠與和璧，只乞鄉關新信息。靈光雖在應蕭條，草中翁仲今何若。遺氓豈尚種桑麻，殘虜如聞保城郭。嫠家父祖生齊魯，位下名高人比數。當時稷下縱談時，猶記人揮汗成雨。子孫南渡今幾年，飄零遂與流人伍。欲將血淚寄山河，去灑東山一抔土。

在這首詩前，李清照還做了小序，她寫道：

紹興癸丑五月，樞密韓公、工部尚書胡公使虜，通兩宮也。有易安室者，父祖皆出韓公門下，今家世淪替，子姓寒微，不敢望公之車塵。又貧病，但神明未衰落，見此大號令，不能忘言。作古、律詩各一章，以寄區區之意，以待采詩者云。

李清照家道中落，身分寒微，不能親自去送行。她身體雖抱恙，但聽到他們出使金國的消息，十分振奮，所以寫下了兩首詩為他們送行。

這首雜言古體詩，長達八十句，上半首是五言，下半首是七言。上半首主要突出韓肖胄在朝中的地位，稱他出使金國，將個人家庭安危置之度外，堪為朝廷榜樣。對於他出使金國的事，他的母親認為，韓家世代受國恩惠，現在朝廷有命，自要勇敢前行，不能顧及妻兒老小。宋高宗聽說此事，專門下旨封韓家老太太為榮國太夫人。李清照在詩中說，韓肖胄言行一致，是言行道德高尚者。

詩中第二部分主要稱讚胡松年的品德與才幹。國家危難之際，大臣們搖擺不定，使者們擔此重任，一路上車聲轔轔馬蕭蕭，他們不畏艱險，不懼生死，真是令人感動得落淚。大宋與金國，本就是仇敵，稍不注意便會引來殺身之禍，挑起宋、金兩國戰端。他們既要不卑不亢，又要維護大宋尊嚴，可以說此番前去，大有「風蕭蕭兮易水寒，壯士一去兮不復還」的大義凜然，抱定必死決心的獻身精神。

除了稱頌，李清照還囑託他們，要提高警惕，不能粗心大意，與金國人談判時，不能只聽信君臣的話，還要看看百姓們，聽聽他們的意見。朝廷的事，也是百姓的事，人才要用，要用其所長，好為國家出力。

最後，李清照說：「欲將血淚寄山河，去灑東山一抔土。」她最關心的還是自來家鄉的消息，這消息比珠璧還要珍貴。為了收復失地，她寧願犧牲自己，願將滿腔熱血灑在齊魯大地。沒有國，哪有家。這些年來，李清照因為國不安寧，吃了太多苦。這個國家，遍地狼煙，早已失了民心。這時，有人能擔此重任，為國犧牲個人利益，她自要讚嘆。她之前一心憂國，如今只想捨身報國。

只恨，她身為女子，不能擔此重任。那麼，就將時光落於金石碑刻，也是一種奉獻。這世界，不僅需要馬上定乾坤，還需要留給後人歷史的印記。那書，那畫，那碑刻，那古董，後人只有仔細研究過，才能知道完整的歷史。

她老了，開始自稱老婦了。不知，她的聲音是否也變得緩慢，滄桑低沉。她只要開口，便像是要說一段久遠的故事。有多久遠？其實也不遠，就從「倚門回首嗅青梅」開始吧。唉，真是老了，忘記了最初的相遇，是在相國寺啊。

## ●帝心憐赤子，天意念蒼生：詩詞中的家國情懷

納蘭容若在〈蝶戀花〉中寫道：「眼底風光留不住，和暖和香，又上雕鞍去。」豈止是眼底風光難留，人有生老病死，物有成住壞空，每一分每一秒都留不住。可人需要信心，有了信心，不成的事也能事半功倍，沒了信心，能成的事也能事倍功半。所以，李清照想讓這信心留得久一點，再久一點。縱使大宋江山終有一天不復存在，至少那保家衛國的赤子之心將被永記。

紹興三年（西元一一三三年），李清照作的〈上樞密韓肖胄詩〉第二首是一首七言律詩：

想見皇華過二京，壺漿夾道萬人迎。
連昌宮裡桃應在，華萼樓前鵲定驚。
但說帝心憐赤子，須知天意念蒼生。
聖君大信明知日，長亂何須在屢盟。

兩位使者出使金國，希望他們能不辱使命。他們路過東京和南京時，百姓定會用竹籃盛著飯，用瓦壺盛滿酒，對他們列隊歡迎。李清照想著那場景，心裡激盪起來，進一步幻想舊時宮殿的花木、鳥鵲也將以驚喜的心情來歡迎他們。

皇帝愛百姓，對百姓有憐憫的赤子之心，上天有好生之德，也一定意念蒼生。這兩首詩中，李清照都在稱頌宋高宗，說他的信義如同日光一般。此前，她寫過埋怨宋高宗的詩，還抱怨趙明誠不續詩，如今她稱頌宋高宗，有人認為，她在討好宋高宗，也有人認為，她想報答韓、胡兩位使者的恩德。不管怎樣，宋高宗有心恢復江山社稷，派出使臣，不再做「縮頭烏龜」，理應稱頌。

「長亂何須在屢盟」，語出《詩．小雅．巧言》「君子屢盟，亂是用長」，意思是說，如果不意圖恢復江山，只一味地會盟講和，只會助長禍亂。李清照雖然歌頌宋高宗，但也只歌頌他派出使臣的做法，對於他執政的策略，李清照仍是不滿。前一首詩她歌頌韓、胡二位，這一首卻更具諷刺意味。宋高宗為保自己的皇位，不顧江山社稷，不管父兄百姓，一味退縮，進貢求和，甚至管金人叫做叔叔，這樣的皇帝她如何能真正頌讚？

如果上一首李清照想拋頭顱、灑熱血，那麼這一首是將「熱血」奉上，大有不怕被宋高宗看到觸犯龍顏的氣勢。曾經宋高宗解救過她的婚姻，她很是感激，但她恩怨分明，在政治方面，仍是不依不饒。

李清照直言不諱，不是想要彰顯自己的高尚，她甚至不怕被宋高宗看到，她只希望，她的言語有人聽，有人真能為國家做些事。

送走兩位使者，李清照又恢復了《金石錄》整理和撰寫的工作。她在《金石錄·後序》中，以文學散文形式，以敘事、抒情的方式，撰寫了她和趙明誠的過往。往事一幕幕浮現在眼前，她似乎又重新走了一遍那段歲月。賭書潑茶，共賞文玩字畫，牽手月下賞梅……，她吟詩，他誦讀；她作詩，他研墨。

人老了，當下的事常常忘記，過去的事卻記得越來越清晰。她文情並茂地書寫著，彷彿一切發生在昨日，趙明誠還沒離去，還是與她趣味相投的夫君。

李迒支持李清照整理《金石錄》的工作。他從小到大，最服氣的便是姐姐，他在幫助她整理中，聽她講過去的故事，講文物字畫的典故、寓意等。那時，趙明誠的二哥趙思誠也常常來看她，他不責怪李清照病中嫁人，體諒她的難處。對於趙思誠來說，她堅持完成趙明誠生前唯一心願的《金石錄》，實在令人敬佩。

紹興四年（西元一一三四年）五月，有人翻趙挺之舊帳，使趙思誠失去了擔任徽猷閣待置的機會。徽猷閣為宋徽宗所建，其工作內容是收集宋哲宗所用過的御筆文書。趙思誠遭人打壓，李清照很是氣憤，卻也沒有辦法。趙思誠早已見慣官場的黑暗是非，勸她想開些。數月後，朝廷查清事情原委，趙思誠官復原職。

七月，謝伋拜訪了李清照。謝伋父親身體欠安，希望與李清照見一面，似有事相告，李清照答應了。謝家與趙明誠是表兄弟，謝伋年少於趙明誠。建炎三年底，李清照逃難時，曾在黃岩靈石寺謝家住過。後來，李清照來到杭州，也常與這家親戚走動。只是，謝伋從未這樣正式邀請過她，她隱約覺得不安。

來到謝家，謝伋父親謝克家斜靠在床上，像是撐著最後一絲力氣。他見到李清照來訪，告訴她，一年前九月，他在法慧寺見過那幅被盜走的〈進謝御賜書詩卷〉。當時，有一位法慧寺的僧人拿出此書卷，請他為這幅字題跋，說是受人之託。

謝克家認得這是李清照被盜之物，但覺得事情可能並非這樣簡單，不好貿然索回，只好為其題詞：「姨弟趙德甫，昔年屢以相示。今下世未幾，已不能保有之，覽之悽然。汝南謝克家。」

那時他沒有告訴李清照，一來怕她傷心，二來怕她索回，惹出事端。現在他將不久於人世，只好說出這件事，請她原諒。李清照聽完心痛感慨，可事情既已過去，她又能說些什麼？她自知福分不夠，或者趙明誠太愛這幅字，才從她身邊帶走了。往事成空，她身體日漸衰退，就算追回，她又能保存多久？既然是一段往事，就隨它去吧。

紹興四年（西元一一三四年）八月，李清照完成了整理《金石錄》的工作。這本書介紹了自上古三代至隋唐五代以來，鐘鼎彝器的銘文款識和碑銘墓誌等石刻文字，是中國研究金石目錄裡最早的專著之一。《金石錄》共三十卷，前為目錄十卷，後為跋尾二十卷，包含了史學、考據學、文獻整理和金石書法等內容，是重要的參考文獻。

書稿完成，她感慨頗多。許多事，彷彿還在昨天。她雖然沒有保住書畫文物，可終究完成了趙明誠生前所願，算是盡了最大的努力。她再次翻閱此書，越發思念趙明誠。她在《金石錄·後序》中寫道：

今日忽閱此書，如見故人。因憶侯在東萊靜治堂，裝卷初就，芸籤縹帶，束十卷作一帙。每日晚吏散，輒校勘二卷，跋題一卷。此二千卷，有跋題者五百二卷耳。今手澤如新，而墓木已拱，悲夫！

分分合合，聚散無常，人夾在天地間，不能做什麼，唯一能做的便是在日常歲月裡，盡一點自己的責任，將她的滿腹詩書才華留給後人。她不再計較能否保存，只要做了，寫了，完成了，就夠了。

人人都渴望天涯海角，渴望飛到更遠的地方。這位暮年老人，就住在天涯海角，可她想回去。天涯海角有什麼好，只有人心敗壞，道德淪喪，不如家鄉的山，家鄉的水，家鄉的人。許多個夜晚，她讀閒書，思念趙明誠，她必須要學會念念不忘。因為人老了，她怕記憶衰退，那過去的事也忘記了。

雁過無痕，葉落無聲，有些人，不管停留多久，終有一天會幻化成空。她不能阻止那段往事被忘記，但她希望給時間慢鏡頭，讓他在她的世界裡慢行，能多留一分鐘，是一分鐘。

## 避難金華：流離中的歸處

世界如此之大，在某個角落，總能容得下一個人。可是，世界也很小，成千上萬的人，就變成了一個群體，世界再大也難有容身之地。當一人因欲望血洗河山，百姓只能四處逃竄。有欲望的地方就有戰爭，不管世界是大是小，只要欲望在，就難以找到容身之地。李清照清靜了一段時間後，又要漂泊了。

紹興四年（西元一一三四年）秋，「齊帝」劉豫政權勾結金軍，準備南下江淮流域，占領這片土地。九月，齊豫在金兵大軍護衛下，分兩支軍隊，分別向安徽滁州和江蘇揚州進攻，攻下兩地後，繼續南侵。李清照聽到消息，在《打馬圖經．序》中記錄了逃難金華時的情形：

今年冬十月朔，聞淮上警報。江浙之人，自東走西，自南走北，居山林者謀入城市，居城市者謀入山林，旁午絡繹，莫卜所之。易安居士亦自臨安溯流，涉嚴灘之險，抵金華，卜居陳氏第。乍釋舟楫而見軒窗，意頗適然。更長燭明，奈此良夜乎。於是乎博弈之事講矣。

紹興四年十一月二十四日，李清照寫下了《打馬圖經》。其中「博弈之事」，並非人與人之間的博弈，而是一種類似於下棋的遊戲，遊戲的名字叫「打馬」，其規則是李清照創建的。她在〈打馬賦〉的最後一段寫道：

佛貍定見卯年死，貴賤紛紛尚流徙。滿眼驊騮雜騄駬，時危安得真致此？木蘭橫戈好女子，老矣誰能志千里，但願相將過淮水。

「佛貍」是北魏太武帝的小名，他曾南侵攻打劉宋，所以李清照在賦中詛咒太武帝這個來犯者「卯年死」。她之所以這樣寫，實際上是藉此詛咒金兵死到臨頭，罵金人和劉豫不會有好下場。

因為金兵繼續攻打大宋，搞得百姓不得安寧。她老了，已沒了「千里」之志，但仍希望能夠渡過淮水，回到故鄉。只可惜，李清照離家鄉越來越遠，她從臨安逃到了金華。

她剛剛詛咒金兵不久，韓世忠便率兵應戰，使得金兵不能再繼續南侵。那段時間，風雪交加，糧道不通，金兵掠無所獲，只能殺馬而食，讓金、齊軍士十分憤怒。金兵斷了糧草，正處危難之際，沒多久又傳來金太宗死亡的消息，金兵恐怕生變，遂帶兵退卻，劉豫也率兵逃走了。

金國退兵，李清照心情大好，在金華閒得無聊，玩起了「打馬」遊戲。此時，李擢任金華知府，在這裡有不少她的親朋好友、晚輩等，所以她也不再整日悲嘆。她去了八詠樓，在那裡吟詩高唱，登樓覽勝。當她佇立八詠樓上，望向北方時，吟出了一首〈題八詠樓〉的詩：

千古風流八詠樓，江山留與後人愁。
水通南國三千里，氣壓江城十四州。

八詠樓風景秀麗，情高致遠。在此間登樓望遠，還有什麼可憂愁的，不如把那國家存亡的事留給後人去憂愁。事實上，李清照沒有一刻不憂愁國家命運。她目眺望遠，想著再也回不去的故鄉，只能將這憂愁放下。表面上看，金國暫時退兵可喜可賀，但這並不長久，不知何時又將戰火四起。大宋恢復江山的那一天，她怕是看不到了。

在貫休的〈獻錢尚父〉中有詩云：「滿堂花醉三千客，一劍霜寒十四州。」李清照提取「三千」和「十四」入詩，是想突出金華的地位。這裡水道密集，能夠深入江南三千多裡，也能影響江南十四州的存亡。紹興四年底，世界太平了，沒多久，宋高宗回到臨安。避難於金華的李清照聽到消息，並沒有多高興，她一反在金華的好興致，寫了一首極為傷感的詞——〈武陵春〉：

風住塵香花已盡，日晚倦梳頭。物是人非事事休，欲語淚先流。聞說雙溪春尚好，也擬泛輕舟。只恐雙溪舴艋舟，載不動、許多愁。

避難金華，使李清照想到了屏居青州的時光。她曾把趙明誠叫做「武陵人」，選取〈武陵春〉為調名填詞，並非隨意取之。屏居青州，是為避難，在金華，也是避難。只是，那個人不在了，就算國家勝利了，她在情感上依舊悲傷著。

繁華落幕，花盡塵香，站在時光盡頭，她兩手空空，什麼都沒有了。所以，日上三竿，也懶得梳妝打扮。這並不是最後的結局，只是停歇，如同「風住」，可即使這樣，她仍覺得人沒了希望。

這些年，春去秋來，早已物是人非，人也在時光中改變了。從青春到兩鬢花白，從盛年到暮年，從繁華到落幕，她變了嗎？物是人非，事物從未停止更替，她卻好像沒改。時光只是催老她的容顏，催白她的長髮，可她的心，依舊如初。回憶起這些年的經歷，多少事，她不能開口，一想到便淚滿衣襟。

都說春光和泛舟十分美好，她也幻想那美好的場景，為自己擬泛一條輕舟。哪怕生活待她萬分殘酷，她也要在心中點亮一盞明燈活下去。只是，她的愁太多了，怕累了舴艋舟，所以她在掙扎，不知心中那泛舟能載多久。這麼多愁啊，只怕那舟要沉了。

她遭遇黨爭、兵禍戰亂、喪偶、流離失所、頒金、再嫁離異等，這些苦難，她一路是怎樣走過來的？真的累了，那些事不能提，不能回憶，若不是與趙明誠的過往點亮著她的人生，她怕是要撐不住了。

眼下，她還有一件為難的事，或者說，遇到了另外一件難以承受的事。就在李清照寫《金石錄·後序》時，有位大臣覲見宋高宗，稱王安石自任己見，改變了祖宗法度，上誤神宗，天下之亂，實兆於此。宋高宗也認為問題出在這裡，因為他極愛元祐黨人。

宋高宗一直以為，《哲宗實錄》為奸臣所修，書中說盡王安石好話，對廢黜新黨的高、向兩位皇后十分不利，所以這本《哲宗實錄》不能擴散於民間，而趙挺之當年曾參與撰修此錄，並自己收藏了一份，如今恰在李清照這裡。《哲宗實錄》被視為禁書，竊窺、私藏都不允許，李清照對此不知如何是好。

這是趙家的「宗室」之物，她要像保護自己的頭目般保護的書籍，現在這本書被點了名，要她將此書獻給朝廷。

她怕是跟書畫文物無緣吧，也做不到對趙明誠信守承諾吧？她已看開，即使如心口上撒鹽，該失去的依然會失去。她一次次遭遇錐心之痛，那條小舟，真的載不動這些愁。

沒多久，她離開了金華，回到了杭州。杭州她能回去，可有些東西，她知道帶不走，也回不去了。

# 第八章 春蠶絲盡：餘生淺吟舊時光

她越來越老了，沒有子嗣，甚至沒有能讀懂她的人。她後來遇到一位故知，卻走了。她名氣越來越大，許多人來請她書寫作畫，她來者不拒。在那時，她有了一位女「弟子」。她以為，這女孩能伴她餘生，最後卻也走了。

她依舊孤獨，卻再不害怕孤獨。她自知故鄉回不去了，也便沒了期望。她就這樣活著，熬著，等待那最後一天。

一路走，一路丟，她還有什麼好守望的，最後，連這身軀殼也捨得丟下了。她離開了，不需要隆重的告別，這世間人，自會給她最為隆重的儀式。

就如同她的故事，傳頌了上千年，依舊無人忘記，仍用最隆重的方式迎接著她。

## ●特地通宵過釣臺：殘燭餘光的堅守

無論順境與逆境，命運一詞，永遠存在於人們的嘴裡。有人將順境歸結為運氣好，將所有的不如意歸結於運氣差。運氣好時，他們稱讚自己的努力與天賦；運氣差時，便將責任推卸給命運，好讓自己看起來可憐無辜。人的一生，某種角度講，確實有著既定的命運，但無論順境與逆境，都該有責任、有擔當。順境時，不驕不躁，逆境時，不悲不嘆，只有這樣，才能安然度過一生，心不被境轉。

李清照在金華待了一年，因《哲宗實錄》的事情鬧得沸沸揚揚，心情欠佳的她回到了杭州。她約於紹興五年（西元一一三五年）冬定居於此，一直到生命終結都未曾離開。

返回杭州時，她路過桐廬釣臺，因東漢嚴子陵曾在此隱居垂釣，故此她做了一首叫做〈釣臺〉的詩：

鉅艦只緣因利往，扁舟亦是為名來。
往來有愧先生德，特地通宵過釣臺。

詩中的「先生」，便是指嚴光，他字子陵，曾與漢光武帝劉秀同窗。劉秀繼位後，嚴光更名隱居，後被召到洛陽，任為諫議大夫，他拒絕任命，歸隱在富春山。富春江濱有東、西兩個釣臺。西臺是宋末謝翺哭文天祥的地方；東臺是傳說中嚴子陵垂釣之地。此釣臺壯觀秀麗，加上嚴光不愛慕功名利祿，令李清照大發感慨，從而寫出了〈釣臺〉這首詩。

此詩是一首自嘲詩，她在詩中說，她從此處路過，不像嚴子陵那樣為避開名利，她是為了保全自己才加入了逃難的隊伍。與嚴子陵的心性相比，她為自己的境界感到羞愧。所以，她沒有勇氣白天路過此地，只好晚上來。在李清照看來，凡是國難當頭，只顧個人利益、生死之人，都是此詩嘲諷的對象。

一個人最難得的是自省。嘲笑別人容易，嘲笑自己很困難。李清照自知境界不夠，甘願放低姿態，可她知道，這世間自視清高的人太多。她走過半生，經歷了太多風雨，有時想想，有必要教教晚輩，讓他們知道該怎麼做人。

李清照一生無子嗣，但趙、李兩家的晚輩，皆是她的「兒輩」。她在《打馬圖經．序》中講述了自己妙語連珠地對兒輩們講道理：「慧則通，通則無所不達；專則精，精則無所不妙。」

她告誡兒輩們，無論做什麼事，既要靠聰明才智，又要專心致志。唯有此，才能觸類旁通，掌握世間萬千技藝，並運用自如，以臻於妙境。為了讓孩子們感受真理，她還運用自己的才學，旁徵博引，將庖丁解牛、師曠之聽、離婁之視、堯舜之仁、桀紂之惡等故事，生動地講給他們聽。她還告訴孩子們，就算玩博弈類的小遊戲，也不能大意，更不應該淺嘗輒止、半途而廢。

她常常和孩子們下棋，也跟他們做遊戲。李清照一生有兩大「缺點」，一是醉酒，二是賭博。可對於一位有才學的女人來說，她又不似酒徒和賭徒那般沉溺，她的沉溺更多的是像愛上藝術般痴迷。

她還沉迷思念趙明誠。自趙明誠逝世後，每到八月十八日，她都要進行紀念，逢五、逢十更為鄭重。在趙明誠逝世二十週年前夕，她為了鄭重對待，甚至翻出了全部藏品，最後拿出兩幅米芾帖。

李清照望著米芾帖覺得少了些什麼。對於一幅珍品來說，能流芳百世的標準，便是名人題跋。她的藏品卷面乾淨，還未有人題跋，於是，她決定拜訪米家，向米友仁求跋。

米友仁，字元暉，是宋徽宗時的書畫大家。他是米芾的長子，人謂「小米」。米友仁見到李清照來訪，這位年近八旬的老人感慨萬千，他思索了一會兒，為〈靈峰行記〉題了跋：

易安居士一日攜前人墨跡臨顧，中有先子留題，拜觀不勝感泣。先子尋常為字，但乘興而為之。今之數句，可比黃金千兩耳。呵呵。

題完一帖，又再三扶摩賞吟另一帖——〈壽時宰詞〉，隨後題跋曰：

先子真跡也。昔唐李義府出門下典儀，宰相屢薦之。太宗召試講武殿側坐，而殿側有烏數枚集之，上令作詩詠之。先子因暇日偶寫，今不見四十年矣。易安居士求跋，謹以書之。

李清照兩帖得到題跋，真是不虛此行。「小米」是大家，能求得他的書寫，實為三生有幸，書帖現已價值連城，乃無價之寶。她得到「小米」的題跋，萬分開心，迫不及待地將此事告訴了幾位朋友，並邀請前來觀賞。

有人鑑賞了這樣的寶貝，也要炫耀一番。慢慢地，李清照有此珍寶的消息不脛而走，在前來觀賞的人士中，有一對夫妻，帶著一位女孩前來。他們此番前來，除了要鑑賞書帖，還有另外一件事相求。

他們聽說易安居士詩詞文賦無一不工，書畫造詣頗高，書工行楷，畫善墨竹，堪比汴京皇家書院的畫家們。所以，他們想請李清照寫兩幅字送與他們夫妻。他們要求，一幅字是柳永的〈望海潮〉，另一幅是李清照的〈鷓鴣天〉。

李清照很聰明，見他們談到〈望海潮〉，立刻與他們的姓氏聯繫起來，詢問他們是不是當年杭州知府孫沔的後代。其中一人回答道：「柳詞中所指正的正是下官曾祖的事。」李清照聽完十分激動，她從來沒想過，「千騎擁高牙」的後人能找到她。她看到那位小女孩，對她親暱地說：「我想將辭章之學傳授與你，怎麼樣？」

李清照剛剛說完，那小女孩立刻應聲道：「多謝夫人厚愛，此事不可，古云『才藻非女子事也！』」一句話，惹得李清照哭笑不得，好氣又好笑。見她如此乖巧、一本正經，她認為這孩子讀了《女論語》，被那些書愚弄了。但古時女子無才便是德，誰又願意自家女兒如她這般有才學呢？

李清照見這位小女孩時，已至晚年。此後三四年，李清照便去世了。後來，這位小女孩嫁了一位前朝宰相的後裔，據說她成了有名的賢妻良母。後來，她的兒子請陸游寫墓誌銘，其中一段正巧涉及了李清照這段（陸游《渭南文集・夫人孫氏墓誌銘》）：

夫人幼有淑質，故趙建康明誠之配李氏，以文辭名家，欲以其學傳夫人，時夫人始十餘歲，謝不可，曰：「才藻非女子事也！」

李清照快人快語，為人真誠，不尚虛聲，前來求她書畫、學習詩詞的人絡繹不絕。她好心教授孫氏辭章之學，卻被後人諷刺為她不如一位十餘歲的小女孩。女子要做賢妻，要為良母，李清照兩者皆不是，縱然有才學，依然是不如賢妻良母更受尊重。想起那首〈釣臺〉詩，李清照又會自嘲，「好為人師」了吧。

# 他鄉遇故知：意外重逢的溫暖

在這個世界上，每個人都是不同的，所以，無須尋找讀懂自己的人，也無須渴求遇到知音。李清照視趙明誠為知音，那不過是在書畫古董的世界裡。在生活和人生價值觀上，她和趙明誠有很大的不同。李清照想過隱士般的生活，趙明誠渴望仕途平坦；李清照心懷大義，趙明誠只求自保……，可是，他們又是知音，在安穩的青州歲月裡，他們是如此相同，以至於讓李清照懷念了一輩子。

李清照從金華回來不久，便聽說朱敦儒要來臨安了。據說，他被皇帝召對時，議論明暢，得到宋高宗的賞識，已被賜為進士，任為祕書省正字……

聽到朱敦儒要來，李清照為之一振，因為她和他並非一般朋友，李、朱兩姓原有通家之誼。朱敦儒的父親朱勃頗有詩歌造詣，曾和蘇軾有過唱和。李格非曾與朱勃同朝為官，對他也多有仰慕之意。後來李清照去了汴京，與朱敦儒便已相識，他志行高潔、博物洽聞，是非常有名望的東都名士。

李清照很是欣賞他的才華，他的〈水龍吟〉在朝中傳誦，她讀完也為之傾倒。聽說這位老友要來，她又想起這首詞來，不禁誦讀再三：

放船千里凌波去，略為吳山留顧。雲屯水府，濤隨神女，九江東注。北客翩然，壯心偏感，年華將暮。念伊嵩歸隱，巢由故友，南柯夢，遽如許。

回首妖氛未掃，問人間、英雄何處？奇謀報國，可憐無用，塵昏白羽。鐵鎖橫江，錦帆衝浪，孫郎良苦。但愁敲桂棹，悲吟梁父，淚流如雨。

老友來到臨安，李清照設宴款待。那次三家聚會，共有十多人。除了朱敦儒一家，李清照還邀請了李迒一家作陪。這次重逢，自有一番他鄉遇故知之感。此後，李清照在臨安又多了一些朋友陪伴，與朱家走動較人頻繁，他們都認為，只有彼此才是在才學上最強勁的對手。

又逢七夕，李清照一想到八月便要祭奠趙明誠，便又感傷起來。之前七夕，李清照思念趙明誠時，寫過關於七夕的詩詞。那天上的牛郎織女，每年還有一次相逢的機會，如今，她與趙明誠天人永隔，又怎能不寫詞祭奠？她在那個七夕寫下了〈鵲橋仙〉，詞作基調悽苦，無限傷感。後來，這首詞丟失，只留下朱敦儒讀完詞後的悲傷悲嘆之情。他的〈和李易安金魚池蓮〉，便是情緒平穩後所作的：

白鷗欲下，金魚不去，圓葉低開蕙帳。輕風冷露夜深時，獨自個、凌波直上。

幽闌共晚，明璫難寄，塵世教誰將傍？會尋織女趁靈槎，泛舊路、銀河萬丈。

李清照身為嫠婦，有諸多不便，實在不該與朱敦儒時常接觸交往，更不該與之唱和。可是在異地他鄉，最難得的是有志同道合的朋友。他「志行高潔」，行得端，做得正，也不怕遭人詬病。這位故人帶給李清照諸多安慰，也帶給她諸多傷感。她常常想起，與趙明誠、朱敦儒三個人的友好時光。

有多少快樂，便有多少傷感。這些年，她早已習慣孤身一人，有了朋友來訪，便又要品嘗朋友離去後的失落與寂寞。更令她難過的是，朋友也來臨安，更是說明國破家亡，她已年邁，怕是不能親眼見到大宋恢復江山了。萬千愁腸結於一起，她提筆寫下了〈添字醜奴兒〉一詞：

窗前誰種芭蕉樹，陰滿中庭。陰滿中庭，葉葉心心，舒捲有餘清。

傷心枕上三更雨，點滴霖霪。點滴霖霪，愁損北人，不慣起來聽。

詞中寫的是一位流離他鄉的嫠婦。住宅庭院或許是來到這裡後購置的，也或許是租賃而來的。總之，這庭院中，窗前有一棵高大的芭蕉樹。她不知道是誰栽下的，只見芭蕉身高葉大，遮蓋了這座庭院。

炎夏酷暑，這樹如同扇子，使人感到涼爽舒適。它的葉子竟那樣大，那樣舒展，蕉心拳曲，也美得別有一番滋味。葉葉心心，給人愉悅，給人舒適。

夏日裡，這樹讓人感覺清涼舒適，可到了夜晚，尤其是雨夜，這樹便令人煩憂。雨打芭蕉葉，一葉葉，一聲聲，滴滴訴憂愁。睡不著的夜晚，她想起一件件傷心事來，更憂心著國家的前途命運。

「北人」即指李清照。她南渡後，便自稱北人。她身在南方，憂愁著北方的國土，被折磨得心神俱憊，不成樣子。她越是老，越思鄉心切，徹夜難眠。正巧雨打芭蕉，擾得她心煩意亂，更是難過了。

「春蠶到死絲方盡」，春蠶至死才停止吐絲，男女間的真摯情愛至死不渝。而她，對回到故鄉的渴望從未斷過。她的思念，沒有盡頭，即使死去，也不甘心屍骨埋於他鄉。對於國家命運的無奈，她只能憂愁，不能出一點力。

從金華回到臨安，李清照還辦了一件大事，轟動了朝野。她不僅獻上了《哲宗實錄》，還將《金石錄》三十卷再加釐定，一併捐獻給了朝廷。朝中士大夫皆知李清照是「詞女」，也聽聞《金石錄》是由趙明誠和李清照共同完成，只是他們讀完，沒想到李清照才學竟如此之好，尤其李清照所撰寫的《金石錄．後序》，更是令人讚嘆不已。

一時間，她成了更為知名的「詞人」，此前所作的作品在士大夫間爭相傳閱，有人甚至用陸機〈文賦〉中的「思涉樂其必笑，方言哀而已嘆，或操觚以率爾，或含毫而邈然」來形容她的才學和揮筆成文的天賦。李清照的才學無論怎樣稱讚都不為過，但這也為李清照帶來了無奈的事。周密在《浩然齋雅談》上寫道：

李易安，紹興癸亥在行都，有親聯為內命婦者，因端午進帖子。〈皇帝閣〉曰：「日月堯天大，璇璣舜歷長。側聞行殿帳，多集上書囊。」〈皇后閣〉曰：「意貼初宜夏，金駒已過蠶。至尊千萬壽，行見百斯男。」〈夫人閣〉曰：「三宮催解粽，妝罷未天明。便面天題字，歌頭御賜名。」時秦楚材在翰苑，惡之，止賜金帛而罷。

李清照有一個惡親，便是秦檜。她和秦檜夫婦是表親，年齡亦相差無幾。他們之前一同在汴京生活，後來又共同南渡到臨安，李清照萬眾矚目時，她因沒有為秦檜的兄長秦梓代筆而得罪了這位親戚，所以李清照獻上《金石錄》只得到了微薄的賞賜。

李清照的親戚多數門第顯赫，但她並不攀龍附鳳，政治立場也不敢與親戚苟同。她與不相和的人保持著距離，過著獨身一人的生活。有些人不是天生孤獨，是他們選擇了孤獨。在這塵世間，他們太過清麗，活得像一叢清水芙蓉，出淤泥而不染。他們無法融入世俗欲望，只想活得精神明亮高潔。如他，這位叫朱敦儒的知己，他因主戰，被主和派言官彈劾，誣陷他與李光相交通，遂被罷輟，退居到嘉禾。在秦檜死前，他曾被召為鴻臚少卿，後退而致仕，卒於嘉禾。

人人佩服忠肝義膽之士，卻無人願做忠肝義膽之人；人人想與清廉高潔者交友，卻無人願意自身潔淨……，趙明誠曾經犯過錯，在品性上游走於清廉高潔與自保之間，但他至少有一顆願做不慕名利之人的心。

有此心，已實屬難得。也因此，他讓她愛了一輩子，懷念了大半生。

## 得似舊時那：難以復刻的歲月

往事不一定盡是美好，但一定留住了一段過往，一段青春年華。人生漫漫，說長也短，有些人活在回憶裡不肯出來，時間於她而言，在她回憶之時便戛然而止了。此後，她的生命不爭流年，與時間再無關係。活著，不再是延續生命，而是為了去探望曾經的自己，還有那段刻骨銘心的愛情。

紹興八年（西元一一三八年），宋商宗定都臨安。李清照不能參與朝廷的事，但還是對定都之事表明了自己的態度。那段時間，她寫下了一首叫做〈永遇樂〉的詞：

落日熔金，暮雲合璧，人在何處？染柳煙濃，吹梅笛怨，春意知幾許？元宵佳節，融和天氣，次第豈無風雨？來相召、香車寶馬，謝他酒朋詩侶。

中州盛日，閨門多暇，記得偏重三五。鋪翠冠兒，撚金雪柳，簇帶爭濟楚。如今憔悴，風鬟霜鬢，怕見夜間出去。不如向、簾兒底下，聽人笑語。

這年元宵節，場面盛大熱鬧，許是因為臨安定都，許是因為百姓流離失所太久需要放縱，總之，那熱鬧的氛圍，使得她恍然間憶起了舊事。她在一群人的狂歡中感覺到了孤單。那落日像融化了的金子，與暮色中的雲彩聚攏到一起，宛如珠聯璧合。她置身於這樣的熱鬧裡，恍然間不知今夕是何夕，是在汴京，還是在青州？想到過往，不由得想起了那些故人。如今早春染柳煙濃，可這大好光景能一直保持下去嗎？人不能，江山亦不能。趙、李兩家，家破人亡，大宋社會，由盛轉衰。臨安成了京都，可她這位漂泊的老者，哪有閒心遊樂呢？

香車寶馬、酒朋詩侶她也喜歡，可她還是謝絕了召邀。百姓能醉生夢死，享受當下，她卻不能。她要清醒著，痛著，回憶著。她想到了在汴京時，那裡的元宵節也熱鬧非凡，她待字閨中，閒暇讀書作詞，心思開朗單純。後來，過了三五年，她出嫁了，黨爭加劇，受到株連，等她再回到汴京，卻是另一番模樣。即使如此，那時她在汴京依舊是開心的。她珠翠羅裙，讀書作詩，在元宵節這樣熱鬧的場合裡，甚至會精緻裝扮一番，不知道有多少人稱讚她的容貌。如今，她已至暮年，鬢髮散亂，憔悴不堪，即使是元宵佳節，也不願出去煞人風景了。

夜間，她很怕出門，她怕在那熱鬧裡的景象裡，有「笑語」的人。他們的國家敗落了，家人離散了，怎麼能笑得出來呢？

趙明誠生前最喜歡她作詞寫詩，今又作一首，很想給他看看。她藉著元宵佳節，將這詞燒作紙錢，只願他夢裡氣急了來尋，非要與她一爭高下。她燒紙錢時，對他念念叨叨，他寫的《金石錄·跋》文筆不錯，寫她的地方更是格外精采。還有，《金石錄》出版後，朱熹大加讚賞，甚至覺得大宋再無人能超越趙明誠的手筆！

說著說著，李清照說不下去了。她隱了隱眼裡的淚，繼續跟他念叨，她說，明誠你莫要得意，眾人說我的《金石錄·後序》比你的更精采。

她頓了頓，心裡想著，你倒是來找我啊，我不怕你跟我在夢裡辯論。世上無人知道，趙明誠之所以寫李清照的篇段最為精采，是因為他深深地愛著他的髮妻啊！只要寫到她，她的好、她的才學、她的活潑可愛便飄然筆下。他是由衷感嘆，並非刻意為之。天上地下，他的妻子都無與倫比。他的眼光沒錯，時間證明，她比他有才學多了。

可是，他再也看不見了！

李清照想過，趙明誠為何會英年早逝。一想到這件事，她便忍不住埋怨，還不是趙明誠為了證明自己，要為「朝廷」立功，才「冒大暑」騎馬奔馳，患了重疾嗎？他到底貪戀祿位，促使他不顧後果也要趕路，最終卻丟了性命。

李清照想到了自己，她特立獨行，個性剛烈，如若她似趙明誠那般渴望證明自己，在意他人看法，她在改嫁時，便被唾沫淹死了。她後來做事能如此決絕，不得不說與趙明誠的「渴望展現」自己有關。她要吸取教訓，再不能被他人左右。

李清照晚年還寫過一首詞，據說寫這首詞時已六十多歲。她客居江南，年老色衰，還在憂愁著她的故鄉——〈轉調滿庭芳〉：

芳草池塘，綠陰庭院，晚晴寒透窗紗。玉鉤金鎖，管是客來唦。寂寞尊前席上，唯愁海角天涯。能留否？酴醾落盡，猶賴有梨花。

當年曾勝賞，生香薰袖，活火分茶。極目猶龍驕馬，流水輕車。不怕風狂雨驟，恰才稱，煮酒殘花。如今也，不成懷抱，得似舊時那？

這首詞作據說不夠完整，流傳中有缺遺，可這隻言片語，並不影響她的訴說。她飄零半生，對故舊依舊懷念。

她還是一個人，在那座有芭蕉樹的院子裡坐著，看芳草池塘，看植物安靜生長。有人挑起了玉鉤金鎖，打破了這寧靜。或許有人造訪，也或許只是風吹草動，還可能是眾人的喧譁，使得她心裡猛然一驚。他們酒席上浩歌狂舞，可這些與她並無關係，她只想沉浸在這寂寞中，享受這片刻的孤獨。

來到臨安這些年，別人早已適應了這裡的生活，可李清照總找不到家的感覺。不是北國的地方，在她看來，都是海角天涯。她老了，連那段漂泊的歲月都成了過去，如今細細想來，卻別有一番滋味。她問這春天，能否留得住？酴醿落盡，這便是答案，春是留不住的。可是，梨花不是還未落嗎？

生生不息，生生不已，站在暮年看春天，只有無盡落寞，站在少年看春天，卻是風光無限好。她還活著，還對北國心存一點幻想，如同這即將凋落的梨花，至少還活在春天裡。可她風燭殘年，再晚一點……怕是……夏天要來了。

她只能追憶，只有安靜下來，才能在腦海裡拼湊出一個又一個完整的故事。

想當年，她也是賞會的風流人物，常常點香薰香，袖子都燻出了沉香味兒。她踏雪覓詩，賭書潑茶，活火分茶，樣樣輕車熟路。極目猶龍驕馬，流水輕車，一片繁華。這些都是風韻雅事，天天似過節。哪怕偶遇狂風暴雨，也依舊煮酒賞殘花。可這一切，都只存在於記憶裡，終究是過去了，再也回不去了。

眼下她孤獨一人，兩鬢髮白，哪裡還尋得到舊時懷抱。她沉默著，枯坐良久，眼睛直直地望著某個方向，以為她在看那芭蕉樹，後來才知道，她在望著北方。

她突然起身，駝著背，彎著腰，慢慢地走進那黑洞洞的屋子裡，然後，再也看不見了。

## 人生了無痕：一場無聲的落幕

從你一出生，到你死亡，彷彿是你自己走完了一生，冥冥中卻發現，是有股力量帶著你走完了一生。我們一直以為，自己是命運的主角，但後來才知道，主角永遠是那個叫「自然」的東西。人至盛年，我們很難發現「自然」的存在，待垂垂老矣，才懂得紅塵匆匆，人做不了自己的主，是「自然」在做主。那些你爭過的、搶過的、愛過的、恨過的……，最終都要歸還大地，歸還山河，歸還於空。

紹興八年（西元一一三八年），忠貞大臣不斷上書宋高宗，希望北復中原，但他絲毫不聽。紹興九年，岳飛再度主張收復北方失地，但宋高宗依舊不予理會。紹興十年，金軍再度南侵，岳飛率領大軍應戰，進兵到離汴京幾十里地的朱仙鎮。見恢復河山指日可待，中原豪傑群起相應，岳飛想直搗黃龍，收復河山。宋高宗主張求和，見岳飛氣勢如虹，志在必得，一天內連下十二道金牌，命令班師，岳飛只好退兵。這次退兵，使得岳飛明白，宋高宗並不想恢復中原。所以，回到臨安，他再三懇求朝廷解除他的職位，允他歸隱田園，但朝廷並未批准。

紹興十一年（西元一一四一年）正月，金兀朮再度南侵，二月，岳飛率兵支援淮西，卻不想這次竟是他最後一次上戰場。

宋高宗向金兵求和，金兀朮來信說，不殺岳飛，便再無求和可能。自此之後，岳飛被調離軍隊，來到杭州樞密院。十月，有人誣陷岳飛造反，他被關進大理寺獄中。

這年除夕，岳飛和他的兒子岳雲在大理寺風波亭被害。

李清照聽說岳飛被殺，已是哀莫大於心死了。她除了難過大宋失去精忠報國的英雄外，更難過的是，大宋的江山再也沒了希望。如果敢於戰死沙場的勇士，都要死於奸佞小人之手，那這國家還怎能有救？

紹興二十一年（西元一一五一年）除夕，岳飛被殺十年了。這十年，她心已平靜，不再渴望回到故鄉。她雖偶然聽到政治動向，也不再熱衷參與。她只過自己的小日子，為眾多慕名而來的客人寫書作畫。

其中有一位西秦口音的孤苦女孩引起了她的注意。她姓韓，名玉父，祖籍秦地人。她的父親曾做過官，在戰亂中來到南方，後來在錢塘安家定居。她父母帶她來拜李清照為師，請求李清照教她文墨詩詞。

韓玉父天資普通，並不似當年李清照那般過目能誦，舉一反三。

但玉父眼疾手快，善解人意，十分得李清照的喜歡。玉父一直跟隨著李清照，她待玉父如己出。玉父及笄那年，李清照為她舉辦了笄禮儀式。來參加儀式的賓客無不讚賞她，說：「此一笄女之禮，猶勝冠男也！」此後，李清照的朋友常開玩笑說，易安居士雖無升堂弟子，卻有入室之女。

玉父及笄，已到了婚配年齡，她是李清照的「弟子」，求婚者絡繹不絕。李清照本想干涉，希望她能選擇一位如意郎君。

李清照問她心中傾慕的對象該是怎樣的男子，玉父說：「才貌雙全，學識過人。」僅八個字，李清照聽得眼淚都要流下來。

曾經，她選擇如意郎君的標準不也是如此嗎？後來，她遇到趙明誠，挖空心思要嫁給他，她與她，還真是像啊，可是，李清照再也回不到少女時代，只能祝福玉父與他，白頭到老。

白頭到老，是多麼美好的祝福啊。縱然爭吵一輩子，打鬧一輩子，能一起白頭到老，一定是老天給的最大福分。

後來，玉父看中了一位姓林、名子建的太學生。他答應她，等到秋天，最晚初冬，他一定來娶她。可她左等右等，直到冬去春來，也沒等到她的如意郎君。她這才發現，林子建是言而無信的薄倖之徒。玉父不再等了，去了福州找他，後又輾轉各地，均未找到。

李清照以為玉父能幸福一生，卻不曾想她一刻幸福也從未享過，便開始了漂泊的人生。她長途跋涉，客居在外，無處梳妝，臨水理髮。路途中，她遇人不淑，卻有一份尋夫的堅定意志。

有時想想，何必呢？何必抱著執念不放，何必非要一條道走到黑，讓自己孤苦半生？可是，若不是執著，若不是有一份執念，她也不是李清照了。

幸和不幸，她都享受過。如今想來，她比許多女子幸福太多了。世道敗壞，家國破碎，多少人流離失所，客居他鄉，家人不能團聚。她不過是其中一個，很平常的一個，也是不平常的一個。

夏承燾在〈瞿髯論詞絕句・李清照〉中說：「中原父老望旌旗，兩戒山河哭子規。過眼西湖無一句，易安心事岳王知。」無論是黃河流域淪陷的父老，還是南國或其他被金兵所占領的地方，無不在盼著南宋的軍隊去解救他們。而李清照更是每日想著「歸去」，她的心一次次吶喊，淒厲之音真是令人不由得落淚。

宋末詞人劉辰翁讀完〈永遇樂〉一詞後說：「余自乙亥上元誦李易安〈永遇樂〉，為之涕下。今三年矣，每聞此詞，輒不自堪。遂依其聲，又託之易安自喻。雖辭情不及，而悲苦過之。」

他自宋恭帝德祐元年（西元一二七五年）讀到李清照這首詞，便落淚了。三年過去，再讀這首詞，仍難以控制自己的情緒。

李清照回不去故鄉，確實悲苦，可她自從看了那未落的梨花，便深知，她回不去了。就算大宋能恢復河山，她的身體還能經得住長途跋涉、舟車勞頓嗎？她等不到那一天了，她終將在下一個季節凋落。

宋高宗紹興二十一年（西元一一五一年）前後，李清照去世了。她逝於杭州西湖的一個庭院裡。那院子裡有棵大的芭蕉樹，還有芳草池塘。

那時，她六十八歲。

她埋骨於西湖，魂魄終將歸故里。她一個人默默離去，不驚擾誰，也不驚擾時光。她這一路走得太累了，或者卸下凡胎肉體是一種解脫。

只是不知道，她後來有沒有尋到趙明誠。在另一方世界裡，是否也是那樣大，有那麼多靈魂。他在天上嗎？還是早已成為孩童，讀著她曾經寫下的詞句，然後對娘親說一句：「言與司合，安上已脫，芝芙草拔。」

他說：「我要娶一位詞女為妻。」

李清照在天上聽完稚子之言，可能會笑吧。這世間哪還能再出一位「詞女」，哪還能再有一位李清照？

沒有了。

# 後記

一直在想，李清照到底是一位怎樣的女子？讀一句詩詞，她竟那樣委婉，整日哀嘆，曾想，她是一位婉約女子吧。

後來，了解了她，發現她是一位活潑可愛、快人快語、做事認真、滿腔豪情的女子。

當然，她寫過令人哀嘆的「知否？知否？應是綠肥紅瘦」，也寫過相思成疾的「此情無計可消除，才下眉頭，卻上心頭」，還寫過離愁別恨的「星橋鵲駕，經年才見，想離情、別恨難窮」。

因著這些詞句，這位女子想不婉約也難了。她整日哀怨，思念丈夫，皺著眉，再按胸咳上幾聲，便是活脫脫的林妹妹了。可是，她並不是整日哀怨的人，她的心上人突然造訪，她便匆匆跑開，還要偷偷看，「倚門回首，卻把青梅嗅」。

後來，她出嫁了。趙明誠只能初一、十五回家，她買了花插在頭髮上，「徒要教郎比並看」。

再後來，家國要亡，她更是寫下太多豪言壯語，只願有人能救天下蒼生。她明明堅強剛毅，一身丈夫氣，如何就成了婉約女人了呢？

細細想來，還是她寫哀怨的辭章太多了。她一生，只願過遠離世俗的隱士生活，可世事無常，趙明誠更愛仕途，她不能如願，便多了幾份哀嘆。人在開心時，往往沉浸遊戲中，顧不得寫詩作詞，可悲傷時卻不一樣。一個人時，才會胡思亂想。縱然我們不是詩人、詞人，但一安靜下來，心中多少會有些落寞，有些感慨。

有人說過：「當你看見落日時，你覺得那一刻很美好，有一種說不出的感覺，這種感覺就是詩意。」

詩意，人人有。只是，並不是人人都能成為詩人。詩人，只是將這說不出的感覺寫了出來。所以，李清照身為一代詞人，更願意挖掘這朦朧的詩意。她踏雪覓詩，登樓望遠，都是為了創作，找到朦朧的惆悵感。

她自幼讀書，受父親薰陶，一直心懷天下，有一顆赤子之心。自始至終，無論經歷什麼，她的那種單純的心，一直都在，從未變過。她才華橫溢，人們看得到，但她的做人，被她的才華忽視了。

我只想將做人更出色的李清照寫出來。只不過，這世間對李清照的評價並不相同，每個人都可以有自己的理解。

沈曾植在《菌閣瑣談》中說：「易安倜儻，有丈夫氣，乃閨閣中之蘇辛，非秦柳也。」

王灼在《碧雞漫志》中說：「才力華贍，逼近前輩，在士大夫中已不多得。若本朝婦人，當推詞采第一。」

郭沫若在〈寫在〈三個叛逆的女性〉的後面〉中說：「歷史上有名的女性，便單就中國而論，如像卓文君，如像蔡文姬，如像武則天，如像李清照，她們的才力也並不亞於男人，而她們之所以能夠成人，乃至成為男性以上的人，就因為她們是不肯服從男性中心道德的叛逆的女性。」

不過，對於李清照，眾人評價最多的還是她的詩詞。我們只能透過詩詞，透過歷史點點殘缺的記載，來完成李清照這樣的一生。只是，那殘缺裡，有一條線始終貫穿她的一生。這條線，是赤子之心，是她的純真與良善，還有她的大義。

沒有這些，她的一生，不過是一段又一段不相關的殘缺故事。有了這些，這個人物才逐漸明朗清晰起來。事實上，我們每個人，都有這樣的一條線在牽扯著自己，是它在幫你做決定，是它在指導著你做事，是它讓你學會了為人處世……

有一位寫小說的朋友，某一天突然驚奇地跟我說：「我做了一個人物小傳，我小說裡的主角很厲害，這讓我突然想為自己做個人物小傳。我寫自己的時候，越寫越傷心，因為我發現，我在這個世界上，做不了主角，甚至連配角都算不上。我不夠有韌勁，不夠正直，不夠努力，甚至，都沒有那麼善良……」

而李清照之所以優秀，除了她的才學，她在人格上，足夠成為世界的主角。她的一生，不是讓我們用來了解和觀賞的，而是用來學習的。

我們每個人的一生都會遭遇各種事，但我們應該學會校正自己的主線，讓自己越來越優秀，越來越努力，活得越來越像個主角。

就像李清照一生，要做桂花，要做梅花。而我們呢？

# 參考書目


[1] 中華書局上海編輯所：《李清照集》，中華書局，1962。

[2] 王延梯：《漱玉集註》，山東人民出版社，1963。

[3] 王學初：《李清照集校注》，人民文學出版社，1979。

[4] 陳祖美：《多少事欲說還休——一代才女李清照》，新世界出版社，2017。

[5] 陳祖美：《李清照評傳》，南京大學出版社，1995。

[6] 陳祖美：《李清照作品賞析集》，巴蜀書社，1992。

[7] 陳祖美：《中國思想家評傳叢書·李清照評傳》，南京大學出版社，1995。

[8] 黃墨谷：《重輯李清照集》，齊魯書社，1981。

[9] 褚斌傑等：《李清照數據彙編》，中華書局，1984。

[10] 傅東華：《李清照》，商務印書館，1934。

[11] 康震：《康震講李清照》，中華書局，2018。
[12] 徐北文：《李清照全集評註》，濟南出版社，1990。
[13] 程千帆、徐有富：《李清照》，江蘇古籍出版社，1982。
[14] 劉敬圻、諸葛憶兵：《宋代女詞人詞傳》，吉林人民出版社，1999。
[15] 諸葛憶兵：《李清照與趙明誠》，中華書局，2004。
[16] 褚斌傑、孫崇恩、榮憲賓：《古典文學研究數據彙編·李清照數據彙編》，中華書局，1984。
[17] 孫崇恩，傅淑芳：《李清照研究論文集》，齊魯書社，1991。
[18] 侯健、呂智敏：《李清照詩詞評註》，陝西人民出版社，1985。
[19] 蘇者聰：《宋代女性文學》，武漢大學出版社，1997。
[20] 鄧紅梅：《女性詞史》，山東教育出版社，2000。
[21] 唐圭璋等：《李清照詞鑑賞》，齊魯書社，1986。
[22] 向梅林：《超越與陷落：李清照的歷史審理與現代解讀》，湖南文藝出版社，2005。
[23] 平慧善：《李清照詩文詞選譯》，巴蜀書社，1988。

〔24〕孫望、常國武：《宋代文學史》，人民文學出版社，1996。
〔25〕王水照：《宋代文學通論》，河南大學出版社，1997。
〔26〕徐北文：《李清照全集評註》，濟南出版社，1990。
〔27〕孫崇恩：《李清照詩詞選》，人民文學出版社，1994。
〔28〕楊海明：《唐宋詞史》，天津古籍出版社，1998。
〔29〕袁行霈：《中國文學史》，高等教育出版社，1999。
〔30〕吳熊和：《唐宋詞通論》，商務印書館，2003。
〔31〕中國李清照辛棄疾學會、濟南「二安」紀念館籌備處：《李清照辛棄疾研究論文集》，山東大學出版社，1997。
〔32〕〔美〕宇文所安著，鄭學勤譯：《追憶：中國古典文學中的往事再現》，生活·讀書·新知三聯書店，2004。
〔33〕周寶珠、陳振：《簡明宋史》，人民出版社，1985。
〔34〕朱瑞熙等：《遼宋西夏金社會生活史》，中國社會科學出版社，1998。
〔35〕劉瑜：《李清照全詞》，山東友誼出版社，1998。

[36] 徐吉軍等：《中國風俗通史·宋代卷》，上海文藝出版社，2001。
[37]〔美〕伊沛霞著，胡志宏譯：《內闈——宋代婦女的婚姻和生活》，江蘇人民出版社，2004。

電子書購買

爽讀 APP


國家圖書館出版品預行編目資料

絕代詞人，李清照的亂世情懷與流年悲歌：詩詞描畫世間離合，一代才女如何在亂世中書寫生命意義 / 林希美 著 . -- 第一版 . -- 臺北市：崧燁文化事業有限公司 , 2024.12
面；　公分
POD 版
ISBN 978-626-416-191-6( 平裝 )
1.CST: ( 宋 ) 李清照 2.CST: 傳記 3.CST: 詞論
782.8521　　　　113018797


# 絕代詞人，李清照的亂世情懷與流年悲歌：詩詞描畫世間離合，一代才女如何在亂世中書寫生命意義

臉書


作　　者：林希美
責任編輯：高惠娟
發 行 人：黃振庭
出 版 者：崧燁文化事業有限公司
發 行 者：崧燁文化事業有限公司


E-mail：sonbookservice@gmail.com
粉 絲 頁：https://www.facebook.com/sonbookss/
網　　址：https://sonbook.net/
地　　址：台北市中正區重慶南路一段 61 號 8 樓
8F., No.61, Sec. 1, Chongqing S. Rd., Zhongzheng Dist., Taipei City 100, Taiwan
電　　話：(02) 2370-3310　　傳　　真：(02) 2388-1990


印　　刷：京峯數位服務有限公司
律師顧問：廣華律師事務所 張珮琦律師





定　　價：350 元
發行日期：2024 年 12 月第一版
◎本書以 POD 印製